六祖壇經

賴永海◆主編
尚　榮◆譯注

前言

作為禪宗的宗經寶典，《六祖壇經》（亦稱「壇經」）在中國佛教中占有特別重要的地位。它是絕無僅有的一本被稱作是「經」的由中國僧人撰述的佛典。因為根據佛教的傳統，只有記敘佛祖釋迦牟尼言教的著作才能被稱為「經」，佛的弟子及後代佛教徒的著作只能被稱為「論」。以《六祖壇經》冠名惠能（也作慧能）的言教，足見「六祖革命」後，中國佛教的變革風習，也足見《六祖壇經》在中國佛教史上的地位之高，惠能禪宗影響之大。

一、《六祖壇經》書名

關於《六祖壇經》一名的緣由，「壇」原是指《六祖壇經》的作者——禪宗六祖惠能於唐儀鳳元年（六七六）出家受戒的戒壇，此戒壇原為南北朝劉宋時，印度僧人求那跋陀羅三藏創建，並立碑預言：「後當有肉身菩薩，於此受戒。」至梁天監元年（五〇二），又有智藥三藏從西竺國航海歸來，帶回菩提樹一株種植於戒壇之畔，預言：「後一百七十年，有肉身菩薩，於此樹下開演上乘，度無量眾，真傳佛心印法主也。」其後一如讖語所言，作為禪宗創始人的惠能於此闡揚佛法，將此「戒壇」更賦予了「法壇」的意義。惠能對當時的傳統禪學進行了一系列根本性的變革，其影響之深，變化之巨，致使佛教史上譽稱之為「六祖革命」。由此我們可知《壇經》之名中的「壇」乃取「法壇」之意；而「經」意是由於惠能門徒「視能如佛」，惠能之法語，如同佛經，因此名為《壇經》。

二、《六祖壇經》作者

惠能（六三六—七一三），唐代人，是中國佛教史上一位富於傳奇色彩的人物。關於「惠能」一名的由來，據載：惠能剛出生時，曾有二異僧造謁，專為之安名，上惠下能：「惠者，以法惠施眾生；能者，能作佛事。」這預示著惠能是因弘法而來，今後必將大興佛法、惠施眾生。「惠能」亦作「慧能」，二者通用。佛教在使用上，「惠」是「施」義，「慧」則是「智」義，以「法」「惠濟眾生」，屬「六度」中的布施，以「法」「慧施眾生」，則是「六度」中的般若。

惠能俗姓盧，據大多數《壇經》本子中「本貫范陽」及《神會語錄》載惠能「先祖范陽人也」可知，惠能祖籍范陽，即今河北、北京一帶。父親盧行瑫，母親李氏。父親原本為官，唐武德三年（六二〇）被「左降遷流嶺南」而貶為新州（今廣東新興）百姓。惠能三歲時遭父喪之劫難，從此家境「艱苦貧辛」，稍長，不得不「於市賣柴」，靠每日砍柴鬻柴維持生計。雖則身處貧賤，卻早早地顯示出卓爾不群、異於常人的風範。《曹溪大師別傳》中說他「雖處群輩之中，介然有方外之志」，顯示了一代弘法大師的高遠超邁的宏闊氣象。

關於惠能出家的典故，歷來有「聞經悟道」的記載：一日，惠能市集賣柴，偶聽一客誦讀《金剛經》，一聞便悟，經人指點後前往蘄州黃梅縣（今湖北黃梅西北）東山寺參拜五祖弘忍大師，並開宗明義聲稱自已遠來，「惟求作佛，不求餘物」，顯示出不凡的根器和超越常人的智慧。受到五祖明為叱責，實為考煉的問難：「汝是嶺南人，又是獦獠，若為堪作佛！」惠能以「人雖有南北，佛性本無南北。獦獠身與和尚不同，佛性有何差別」慨然作答，深契五祖弘忍之心，認定惠能根性大利，定下傳授衣缽之心念。

「得傳法衣」是惠能一生重要的事件，這緣於惠能所作的偈頌：「菩提本無樹，明鏡亦非臺。本來無一物，何處惹塵埃？」相比較於弘忍的上首弟子，當時已是教授師的上座神秀所作「身是菩提樹，心如明鏡臺。時時勤拂拭，勿使惹塵埃。」的「未見本性」的偈頌而言，前者深契心性常清淨的旨趣，明瞭「一切萬法，不離自性」的道理，令弘忍大為讚賞，是夜三更，五祖弘忍密召惠能，為其演說《金剛經》並密授衣法。由於六祖惠能的根器非凡，五祖弘忍的慧眼獨具，導致了惠能成為禪宗六祖，行化曹溪，大開「東山法門」，創立了中國佛教史上影響最大的禪宗「南宗」，並對中國傳統思想、社會生活、文化藝術等領域發生了重大的影響。

法衣的付予標誌著尚未出家的惠能已經承繼了禪宗傳法衣缽，得到了禪宗宗主的地位，從而成為了第六代祖師。在廣州法性寺，惠能以「風幡之議」為契機，在公眾面前亮相，從此一鳴驚人，一舉奠定其作為一代宗師的地位。

唐高宗儀鳳元年正月十五日，惠能在法性寺正式出家受戒，時年三十九歲。印宗法師為之剃髮並請律師授戒。唐玄宗先天二年（七一三）八月，惠能示寂於新州國恩寺，春秋七十有六。是年十一月，六祖惠能大師的遺體被弟子迎回曹溪寶林禪寺，即今天的南華禪寺，寺內六祖殿現供奉有六祖惠能肉身像。

唐憲宗於元和十一年（八一六）下詔追諡惠能為「大鑑禪師」；北宋太平興國元年（九七六），宋太宗加諡惠能為「大鑑真空禪師」；宋仁宗時，惠能又被追諡為「大鑑真空普覺禪師」。後來，宋神宗又追諡惠能為「大鑑真空普覺圓明禪師」。

惠能在中國禪宗的發展史上是一個劃時代的人物，在佛教中國化過程中起到里程碑的作用，在中國思想文化史上是一個具有重大影響的歷史人物。

三、《六祖壇經》的內容與結構

《六祖壇經》一書是六祖惠能在黃梅得法之後回到南方，於曹溪寶林寺住持期間，應韶州韋刺史的邀請，在韶州大梵寺講堂為僧俗一千餘人說法，門人對其說法內容進行的記錄和整理。全書敘述了惠能學佛的緣由和行歷，概括了惠能的主要思想，記載了其圓寂前對禪宗宗旨的總結，主要描述了惠能如何由一個不識文字的砍柴少年最終成為一代禪宗宗師的過程，通過這一脈絡，闡明了禪宗的具體傳承、南宗的禪法，以及南宗對般若、定慧、坐禪、頓漸、一行三昧、無相、無住、無念等問題的解釋。

全書內容分為三部分：首先是惠能自述生平，基本反映惠能出身貧苦、黃梅得法、南歸傳禪的主要事蹟；其次是惠能弘法所說內容，即其如何以空融有、直了心性、頓悟成佛的禪學思想和禪法特色；最後是惠能弟子對大師的請益以及他與弟子的問答。印順法師在《中國禪宗史》中總結道：「惠能在大梵寺，『說摩訶般若波羅蜜法，授無相戒』。傳說由弟子法海記錄，為《壇經》主體部分。這在惠能生前，應該已經成立了。等到惠能入滅，於是惠能平時所接引弟子的機緣，臨終前後的情形，有弟子集錄出來，附編於被稱為《壇經》的大梵寺說法部分之後，也就泛稱為《壇經》。這完成了《壇經》的原型，可稱為『曹溪原本』。《壇經》的內容歷代有所增刪，尤其是最後部分多為在後來流傳過程中所添加的內容，多是惠能弟子和以後的禪宗門人所作，但我們認為這些是對於惠能在大梵寺所說禪法的補充、延伸和發展，是為了迎合禪宗後來發展需要而產生的，是惠能後學在豐富和發展南宗禪法過程中集體智慧的積澱，也是符合禪宗基本思想內容的。從某種意義上講，我們所稱的惠能的《壇經》更適於稱之為禪宗的《壇經》。」

《六祖壇經》的主要思想可以概括為「即心即佛」的佛性論，「頓悟見性」的修行觀，「自性自度」的解脫觀。

四、《六祖壇經》的版本與注疏

《六祖壇經》自問世以來，由於其通俗易懂而得以風行天下，在廣為流傳的過程中經常有傳抄訛誤的現象發生，加之惠能門人和後學基於各種意圖不斷地進行修訂和補充，導致《六祖壇經》在其長期的流傳過程中出現了許多不同的版本。

日本學者石井修道曾總結了十四種《壇經》版本；宇井伯壽《禪宗史研究》歸納了二十種《壇經》版本；楊曾文表列了近三十種《壇經》版本。柳田聖山所編的《六祖壇經諸本集成》收集中日兩國十一個不同的版本等等。但是在眾多的版本中，經過專家學者的梳理，有了大致相同的看法。

郭朋認為「真正獨立的《壇經》本子仍不外乎敦煌本（法海本）、惠昕本、契嵩本、宗寶本這四個本子，其餘，都不過是這四種本子中的一些不同翻刻本或傳抄本而已」。

日本學者田中良昭在〈壇經典籍研究概史〉一文中認為：目前，《壇經》的版本系統，依駒澤大學禪宗史研究會所刊行之《惠能研究》，約可以分為五種：一、敦煌本；二、惠昕本；三、契嵩本；四、承繼敦煌本係古本與契嵩本而再編的德異本；五、主要承接契嵩本而再編的宗寶本。

洪修平認為：「根據我們的研究，現有《壇經》真正有代表性的其實只有敦煌本、惠昕本和契嵩本三種，因為德異本和宗寶本實際上都是屬於契嵩本系統的。但由於宗寶本是明代以來的通行本，所以……仍然把它作為一個獨立的本子。」

王月清在其注評的《六祖壇經》一書中認為《壇經》在流傳過程中，內容不斷變化，迄今異本不下十幾種，其中最有代表性的有：1.敦煌本，2.惠昕本，3.契嵩本，4.德異本和曹溪原本，5.宗寶本。本文從此說，分別介紹這五個版本的概況：

1.敦煌本

敦煌本是現存最早的《壇經》版本，由於下署「兼受無相戒弘法弟子法海集記」，故而又稱「法海本」。郭朋認為：「比較起來，法海本壇經，基本上確可以說是惠能語錄。敦煌寫本是《壇經》版本中的主要系統之一，存世的敦煌寫本共有六種：旅順博物館藏敦煌寫經本殘片（旅本）；敦煌史坦因本（史本）；北京圖書館藏敦煌寫本（北本）；敦煌縣博物館本（敦博本）；方廣錩發現北京圖書館藏敦煌寫本殘片（方本）；西夏文寫本殘片（西夏本）。

2.惠昕本

惠昕本分上下兩卷共十一門，約一萬四千餘字。該本大約改變於晚唐或宋初，胡適稱之為「是人間第二最古的《壇經》」，由於它最早發現於日本京都興聖寺，又稱「興聖寺本」。興聖寺的惠昕本題為「六祖壇經」，從前面的「依真小師邑州羅秀山惠進禪院沙門惠昕述」的署名可知此本的編者為晚唐（或說宋初）的惠昕和尚，並且他說明了在編纂時對《壇經》有所削刪。

3.契嵩本

全稱《六祖大師法寶壇經曹溪原本》，約成書於宋仁宗至和三年（一〇五六），一卷計十品，約兩萬餘字，由宋代高僧契嵩改編。現存的是明代的本子，故也稱「明藏本」或「曹溪原本」，從宋代工部侍郎郎簡所作的〈六祖壇經序〉中的記載，我們知道這已經不是契嵩改編的那個本子了，為了指稱明確，與其他的明藏本區別開來，我們仍約定俗成地稱之為「契嵩本」。序中也介紹了這個本子是契嵩辛辛苦苦覓來的如實記載六祖大師言論的古本，後由工部侍郎郎簡出資模印。

4.德異本和曹溪原本

這兩個本子基本上是源出於契嵩本，德異本題名為「六祖大師法寶壇經」，也是一卷十品，從序言中推斷刊行於元至元二十七年（一二九〇）。其編撰緣起為：在元代末年，僧人德異聲稱自己發現了《壇經》古本並著手刊印。楊曾文說：「從明代開始，被稱為『曹溪古本』的，也就是德異本。而德異本，很可能就是契嵩本。」即德異從通上人處得到的「古本」，很有可能是真正的契嵩改編本，假如德異在改編時沒再增刪，那麼這個德異本可能就是契嵩本。

5.宗寶本

宗寶本幾乎是明代以後唯一的流行本，從內容上看，也是屬於契嵩改編本這個系統，全本一卷十品，共計約兩萬多字。約成於元世祖至元二十八年（一二九一），為元代光孝寺僧人宗寶改編，宗寶將三種《壇經》版本合校，編訂了一個新的版本，題名為「六祖大師法寶壇經」，編撰者宗寶在跋文中聲明他對《壇經》錯訛之處進行了改正，簡略之處進行了增補，還明確提到附加了惠能與弟子的問答。根據校對可以看出，宗寶對《壇經》的改動主要在：首先，將古本中四個字的章節名稱改為兩個字；其次，將古本第一章分為兩章，將第九章、第十章合併為一章，在有些章節內，也有部分移動、分割的現象。還有就是對正文有所增加和刪減。這些改動當然引起了一些反對和批評，更由於它是明以後最流行的版本，具有不可取代的地位，故而引來的抨擊更加強烈。但是我們認為由於宗寶所改編的本子具有品目齊整、語言流暢、通俗易懂、文學色彩濃、可讀性強等優點而導致後來流行天下，這對《壇經》深入人心和社會推廣都起到了莫大的功效，現在已經成為我們普遍認可的《壇經》版本了，本著尊重歷史發展的態度，我們認為宗寶本的學術價值是巨大的。

比較這幾個不同的《壇經》版本，我們可以看到，隨著時間順序的推近，《壇經》的字數不斷在增加，從唐代的法海本有一萬二千字左右到北宋的契嵩本和元代的宗寶本的二萬以上的字數，時間越晚，字數越多，這說明了《壇經》在其發展流布中，被惠能門人和惠能後學不斷添加增改，最終得以形成現在的面貌。這一點在惠昕和宗寶的序言中都有所交代，其實早在惠能去世後不久，就有修改或竄改《壇經》的現象出現。我們認為歷代的竄改這一史實是確鑿無疑的，但是，惠能門人及惠能後學出於對禪宗發展的推動、對禪宗南宗地位提升的需要，對《壇經》進行的增改，在今天看來都是合乎情理的，是歷史的必然。它們已經成為禪宗禪學不可缺少的組成部分，值得我們今天去學習和研究。

另外，關於《壇經》的注疏，歷來很多。比較重要的有契嵩的《法寶壇經贊》、天柱的《註法寶壇經海水一滴》五卷、袁宏道的《法寶壇經節錄》、李贄的《六祖法寶壇經解》、亘璇的《法寶壇經要解》、益淳的《法寶壇經肯竅》五卷、青巒的《法寶壇經講義》一卷、丁福保的《六祖法寶壇經箋註》一冊等。

五、《六祖壇經》與中國文化

「《壇經》不僅是中國思想史上一個重要的轉換期，同時也是佛教對現代思想界一個最具有影響力的活水源頭，它代表了中國佛教一種特殊的本質所在，也表現了中國文化，或者說中國民族性中一份奇特的生命智慧。」確實，作為禪宗的宗經寶典的《壇經》對中國佛教乃至整個中國文化的發展和變化都產生了廣泛和深遠的影響。

從佛教發展內部而言，首先惠能在中國佛教史上引發了「六祖革命」，而產生的禪宗經過發展和壯大，最終成為中國佛教的代表。其次，《壇經》的思想對中國佛教思想的內在理路和架構也影響重大，包括了把傳統佛教的真如佛變為心性佛、把傳統佛教的佛度師度變為注重自性自度、把傳統佛教強調修禪靜坐變為注重道由心悟、把傳統佛教強調經教變為注重不立文字和把傳統佛教強調出世間求解脫變為注重即世間求解脫。

《壇經》中強調在世間求解脫的主張引發了傳統佛教的人間化、生活化，並將世間法和佛法相結合、相統一。太虛大師的「人間佛教」正是遙接了這一主導思想順勢而起的。「人間佛教」即主張做人即是作佛，世間法皆是佛法，這正是與《壇經》思想相契合的，也正是《壇經》思想對中國佛教的影響在近代的表現。

除此，《壇經》也對中國傳統思想文化有著一定的影響。《壇經》是中國佛學儒學化的代表作，它的最大特點是把佛性心性化、人性化。將印度佛教的真如、佛性、法性、如來等原本具有抽象本體性質的真心轉變為眾生當下鮮活的現實人心，建立了一個以當前現實人心為基礎的心性本體論體系。《壇經》的心性論思想表明了惠能禪宗強調本自清淨的自心圓滿具足，其最終落實點是在自我的心性上，《壇經》中的心性問題直接導引了宋明理學的開端，啟發了宋明儒學心性本體論的建構，促使儒家學說在宋明時期的自我轉化和自我突破，使得中國傳統哲學出現一次重大轉折。

在中國文化藝術方面，《壇經》的影響作用亦不可忽視。作為中國古代文化之冠冕的詩、書、畫所以特別注重「意境」、「氣韻」，其中一個重要原因，是深受佛教注重「頓悟」的思維方式的影響。詩與禪都重視內心體驗，重視啟示與象徵，都追求言外之旨、象外之意。另外，從歷史來看，自唐代禪宗確立之後，禪就在詩歌創作中，在士人的心靈生活中產生了巨大影響。

書法可以說是中國人從最高境界落實到人倫日用、從抽象思維回歸到形象世界的最直接途徑和第一手段。禪與書法的關係，有學者認為是一種體用關係：禪為書之體，是書法的創作源泉；書為禪之用，是禪的最恰當的表現方式之一，二者的關係非常緊密。其實禪對書法藝術的影響是多方面、多向度的，有禪僧寫書者，有書家習禪者；有藝術流派對禪宗形式上的借用和模仿，也有在書法創作品評上，與禪的審美意境和審美追求內在同構和互通，更有將禪定之意作為書家確立的書法創作心態和創作要旨。

禪宗哲學思想和思維方式也對中國繪畫的創作和審美產生了深刻的影響。中國古代的畫家常運用到這樣禪意的思維方式於繪畫創作。另外，就繪畫史而言，自唐代始，即有王維開創的文化畫，王維本人潛心向佛並進一步以佛理禪趣入畫，開創了中國禪意畫之先河。到了明代，禪對中國繪畫史產生了形式上最直接的影響，其結果就是董其昌南北宗論的提出，他倡導了中國歷史上第一個繪畫流派說。這一明顯受禪宗南北宗之劃分的影響而產生的理論，為中國書畫的發展提供了新的理論基礎，在以後產生了深遠的影響。

佛教是一個注重形象宣傳和教化功能的宗教，自漢代傳入中土以來，為了進一步弘揚佛法，傳播教義，與中國的文化藝術相結合，共同創生了宏大絢爛的佛教藝術文化。這一創造過程同時也是對中國文化藝術進行滲透、影響和改變的過程。

目次

行由品第一

本品記敘了惠能大師在曹溪寶林寺時，應韶州刺史韋璩之邀於大梵寺為眾生講述自己的生平及得法因緣。通過講述「聞經得悟」、黃梅參拜五祖等事由，暗示了南宗禪法與《金剛經》及「東山法門」的淵源。通過「人雖有南北，佛性本無南北，獦獠身與和尚不同，佛性有何差別」，宣揚了南宗禪門的佛性理論，即「一切眾生，悉有佛性」。記載了五祖弘忍欲傳衣缽，命眾人作偈，惠能因一首「菩提本無樹，明鏡亦非臺。本來無一物，何處惹塵埃？」的偈頌深契五祖心意，從而三更受法，得傳衣缽。五祖親送渡江，惠能又提出了「迷時師度，悟了自度」的主張，這些都揭示了南宗禪法掃相破執、直指心源、不落階級、頓悟成佛的特質。接著惠能遵循五祖「不宜速說」的付囑，隱於獵人隊中凡一十五載。後於廣州法性寺因「風幡之議」而為世人矚目，從此開壇說法，弘化一方。

時❶，大師至寶林❷，韶州韋刺史與官僚入山❸，請師出。於城中大梵寺講堂❹，為眾開緣說法❺。

師陞座次❻，刺史官僚三十餘人，儒宗學士三十餘人，僧尼、道俗一千餘人，同時作禮，願聞法要。

大師告眾曰：「善知識❼，菩提自性❽，本來清淨，但用此心，直了成佛❾。善知識！且聽惠能行由得法事意。

「惠能嚴父，本貫范陽❿，左降流於嶺南⓫，作新州百姓⓬。此身不幸，父又早亡，老母孤遺，移來南海⓭，艱辛貧乏，於市賣柴。時有一客買柴，使令送至客店，客收去，惠能得錢，卻出門外，見一客誦經⓮，惠能一聞經語，心即開悟⓯。遂問客誦何經，客曰《金剛經》⓰。復問從何所來，持此經典。客云，我從蘄州黃梅縣東禪寺來⓱。其寺是五祖忍大師在彼主化⓲，門人一千有餘。我到彼中禮拜，聽受此經。大師常勸僧俗，但持《金剛經》，即自見性⓳，直了成佛。惠能聞說，宿昔有緣⓴，乃蒙一客，取銀十兩與惠能，令充老母衣糧，教便往黃梅，參禮五祖。」

【譯文】

當時，惠能大師來到廣東南華山寶林寺，韶州刺史韋璩與他的僚屬們一道進山，請惠能大師到位於城中的大梵寺講堂為大眾演說佛法大義。

大師於說法的座位上落座，刺史及官員們三十多人，儒學學士三十多人，出家比丘、比丘尼及在家信眾一千多人，都來參加盛會，大家一齊向大師行禮致敬，希望聆聽大師演說佛法的精要。

大師告訴眾人說：「善知識們，人心先天具有成佛的覺悟本性，本來清淨沒有污染，只要用這個清淨的本心，就可以直接開悟成佛。各位善知識們，請先聽聽我講述我求法得道的因緣和經歷！

「我惠能的父親，原籍范陽，後來因事遭貶被流放到嶺南地區，從而成為新州的普通百姓。惠能自幼不幸，父親很早離開人世，留下我們孤兒寡母相依為命，後來又遷移到南海這地方，由於家境貧寒，惠能只得每日進山打柴，擔到集市賣掉，以此維持生計，勉強度日。有一天，有一位客人買了惠能的柴，並讓送至客房，送達後，客人收了柴，惠能得到錢，剛走到門外，就見到一位客人正在誦讀佛經，惠能一聽客人所誦的經文，心中立刻頓然開悟。就請教這位客人所誦的是什麼經典，客人告知是《金剛經》。惠能又問客人從什麼地方來，如何獲得這部經典？客人說，我從蘄州黃梅縣東禪寺來，五祖弘忍大師在那裡主持並弘揚佛法教化眾生，門下弟子達一千多人。我到東禪寺拜謁五祖弘忍大師，並聽聞領授了這部佛經。弘忍大師常常勸誡僧人和在俗的人，指示只要依《金剛經》所講的修行，就能識見自心佛性，直接了悟成佛。惠能聽了客人的這番話，覺得自己與佛法宿世有緣，正好承蒙一位客人取了十兩銀子給我，囑咐我用來安頓老母，充當其衣食生活之所需，然後去黃梅縣東禪寺，參拜五祖大師。」

【注釋】

❶時：佛教經典中一開始往往有簡略的序，介紹佛說法的時間、地點、人物等，「時」即表示說法的時間，並非確指。《壇經》依照佛家典籍的格式，以「時」表明六祖惠能說法的時間。

❷寶林：即寶林寺，位於廣東曲江南三十五公里曹溪山，今稱「南華寺」、「南華古寺」、「南華禪寺」。南朝梁時由天竺僧智藥建立。唐高宗儀鳳年間（六七六—六七八），惠能主持弘法，學徒雲集，法道大振，今存有六祖惠能肉身像。

❸刺史：官名。漢代設置。隋時改刺史為太守。宋時刺史與太守已無區別。清時用作「知州」的別稱。這裡的刺史指韶州刺史韋璩。

❹大梵寺：位於廣東曲江。《廣東通志》記載：「韶州府曲江縣，報恩光孝寺，在河西。唐開元二年（七一四），僧宗錫建，名開元寺，又更名大梵寺，為刺史韋璩請六祖說《壇經》處。宋崇寧三年（一一〇四），詔諸州建崇寧寺，政和中改天寧寺。紹興三年（一一三三），專奉徽宗香火，賜額曰報恩光孝寺。」可知此寺為僧宗錫建於唐玄宗開元二年（七一四），是刺史韋璩請六祖惠能宣說《壇經》之處。

❺開緣說法：將說佛教教義以開導眾人。

❻升座：在說法的座位上落座。

❼善知識：指正直有德、導人正道，教眾生遠離惡法修行善法的人。上至佛、菩薩，下至人、天，

不論以何種姿態出現，凡能引導眾生捨惡修善、入於佛道者，均可稱為「善知識」。教導邪道之人稱為「惡知識」。善知識可以用來稱呼出家的僧人，也可以用來稱呼未出家的佛教徒。

❽菩提：意譯「覺」、「智」等。斷絕世間煩惱而達到涅槃智慧可通稱為「菩提」。菩提為佛教的根本理念。佛教主要即在說明菩提之內容，及證取菩提的實踐修行方法。佛教的禮拜對象，即為獲得菩提的覺者，即佛陀。

❾但用此心，直了成佛：禪宗認為人心先天就蘊涵著佛教的全部道理，是本來具足的，只要如實的運用此心，本來呈現，就能直接成就佛道。

❿范陽：地名。唐代置郡，今天的北京大興、宛平一帶。

⓫嶺南：指五嶺以南的廣大地區，約是今天廣東一帶。

⓬新州：今廣東新興。

⓭南海：今屬廣東佛山一帶。

⓮誦經：指誦讀佛教經典，此為功德。

⓯開悟：開啟了人心本有的佛教智慧，覺悟了佛教根本的教義教理。

⓰《金剛經》：佛教經典。全稱《能斷金剛般若波羅蜜經》，簡稱「金剛經」，最早由後秦鳩摩羅什譯出，一卷。卷末四句偈文：「一切有為法，如夢幻泡影，如露亦如電，應作如是觀。」被稱為一經之精髓，意為世界上一切事物都是空幻不實，認為應「遠離一切諸相」而「無所住」，即

對現實世界不執著、不留戀。由於此經以空慧為體，說一切法無我之理，篇幅適中，不過於浩瀚，也不失之簡略，故歷來弘傳甚盛，特別為惠能以後的禪宗所重。

⑰ 蘄州黃梅縣東禪寺：蘄州指今天的湖北蘄春。黃梅縣是今湖北黃梅西北地方。東禪寺位於湖北黃梅西南。《湖廣通志》記載：「黃州府黃梅縣，東禪寺在黃梅縣西南一里。」又稱「蓮華寺」、「東漸寺」。為禪宗五祖弘忍之道場，當時門下僧眾達七百餘人。五祖於該寺半夜密傳衣缽於六祖惠能。寺內尚存六祖當年之簸糠池、墜腰石等遺跡。

⑱ 五祖忍大師：即中國禪宗五祖弘忍。弘忍（六〇二—六七五），唐代僧人，湖北黃梅人，俗姓周。七歲從四祖道信出家，得其心傳。道信入寂後繼承師席，在黃梅雙峰山的東面馮茂山建東山寺，弘忍發揚禪風，以悟徹心性之本源為旨，守心為參學之要。時稱其禪學為「東山法門」。唐高宗上元二年（六七五）示寂（即於傳法後四年），世壽七十四。敕謚「大滿禪師」。弘忍門下甚眾，著名弟子有神秀、惠能等。弘忍將禪貫徹到日常生活，認為行住坐臥都是成佛的行為和活動，這一點對惠能以及《壇經》的思想影響很大。主化：即主持教化。

⑲ 見性：即指「識性」，指徹見自心之佛性，為禪家之語。

⑳ 宿昔有緣：前世結下的緣分。

惠能安置母畢，即便辭違，不經三十餘日，便至黃梅，禮拜五祖。

祖問曰：「汝何方人，欲求何物？」

惠能對曰：「弟子是嶺南新州百姓，遠來禮師，惟求作佛❶，不求餘物。」

祖言：「汝是嶺南人，又是獦獠❷，若為堪作佛？」

惠能曰：「人雖有南北，佛性本無南北❸，獦獠身與和尚不同❹，佛性有何差別？」五祖更欲與語，且見徒眾總在左右，乃令隨眾作務❺。

惠能曰：「惠能啟和尚，弟子自心常生智慧❻，不離自性，即是福田❼。未審和尚教作何務？」

祖云：「這獦獠根性大利❽，汝更勿言，著槽廠去❾。」

惠能退至後院，有一行者❿，差惠能破柴踏碓⓫。

經八月餘，祖一日忽見惠能，曰：「吾思汝之見可用，恐有惡人害汝，遂不與汝言，汝知之否？」

惠能曰：「弟子亦知師意，不敢行至堂前，令人不覺。」

【譯文】

惠能安置好老母親後，便辭別老母北上奔赴黃梅。不到三十天的時間，惠能便抵達了黃梅，見到了五祖弘忍大師並向他致禮參拜。

五祖問道：「你是哪裡人，到我這裡想求得什麼？」

惠能答對道：「弟子是嶺南新州的一名普通老百姓，遠道而來，禮拜師父，只想覺悟成佛，別無他求。」

五祖大師說：「你是嶺南人，又是未開化的獦獠，怎麼能成佛呢？」

惠能說：「雖然人有南方和北方的地區差別，但人的佛性卻沒有南方和北方的不同。我這個獦獠之身雖然和大師不一樣，但我們都具有的成佛本性卻有什麼不同呢？」五祖還想和惠能繼續交談下去，因為看到眾多弟子圍在左右，便讓惠能和大家一起先去幹活。

惠能說：「惠能稟告大師，弟子內心常生出智慧之念，認為不離自我本性便是成就福田，不知道大師還要讓我幹什麼？」

五祖說：「想不到你這獦獠根基很不錯，稟賦很高！你不必多說了，先到後院馬棚裡幹活去吧。」

惠能退下來到後院，有一個行者，分派惠能做劈柴舂米的活。

如此，惠能一連做了八個多月，一天，五祖突然看到惠能，便說：「我考慮到你的見解是很可用的，恐怕有壞人嫉妒而要加害於你，所以那天沒有與你深談，你明白我的用意嗎？」

惠能說：「弟子也知道師父的用心，所以從來不敢到前堂大殿上去，以免被別人察覺。」

【注釋】

❶作佛：即成佛。《法華經・譬喻品》曰：「具足菩薩所行之道，當得作佛。」斷妄惑、開真覺，根除無明煩惱，開啟真實覺悟。

❷獦獠：是對當時生活在南方以行獵為生的少數民族的侮稱。如此稱呼表示輕蔑的意思，意指惠能是未開化、無知識的蠻夷。

❸佛性：即佛陀之本性，或指成佛之可能性。又作「如來性」、「覺性」。為「如來藏」之異名。《涅槃經》有云：「一切眾生悉有佛性，如來常住無有變易。」

❹和尚：指德高望重之出家人，又作「和上」。意譯「親教師」、「力生」、「近誦」、「依學」、「大眾之師」。和尚為受戒者之師表，故華嚴、天臺、淨土等宗皆稱為「戒和尚」。後世沿用為弟子對師父之尊稱。

❺隨眾作務：隨同大家一起勞動、做活。

❻智慧：明白一切事相叫做智；了解一切事理叫做慧。決斷曰智，簡擇曰慧。俗諦曰智，真諦曰慧。〈大乘義章卷第九〉曰：「照見名智，解了稱慧，此二各別。知世諦者，名之為智，照第一義者，說以為慧，通則義齊。」

❼不離自性，即是福田：指認識自我的本心就像在福田播種，其收穫的成果就是成就佛道，並不需要通過隨眾作務這樣的苦修來達成。自性，指自體之本性。諸法各自具有真實不變、清純無雜的

個性，稱為「自性」。福田，指人們做善事猶如在大地裡播種莊稼而有收穫一樣，能夠得到福報。這裡是以田為喻，故名福田。「田以生長為義，農夫播種於田畝，必有秋收之利。人若行善，能得福慧之報。」佛教中認為凡敬侍佛、僧、父母、悲苦者，即可得福德、功德。

❽根性大利：「能生為根，數習為性。」根為能生之義，善惡之習慣曰「性」，人性有生善業或惡業之力，故稱「根性」。大利，大好，非常好。這裡指惠能稟賦極高。

❾槽廠：馬房、馬棚，指養馬的地方。

❿行者：又稱「行人」、「修行人」，泛指一般佛道之修行者，是修行佛法的通稱。也指居住佛寺但留著頭髮修行的人。《釋氏要覽》卷上云指未剃度而在叢林內服諸勞役的帶髮修行者，即未出家而住於寺內幫忙雜務者。有剃髮者，亦有未剃髮而攜家帶眷者。

⓫踏碓：發明於西漢，是去秕、脫殼的糧食加工工具。

祖一日喚諸門人總來：「吾向汝說，世人生死事大，汝等終日只求福田，不求出離生死苦海❶。自性若迷，福何可救？汝等各去，自看智慧，取自本心般若之性❷，各作一偈❸，來呈吾看，若悟大意，付汝衣法❹，為第六代祖。火急速去，不得遲滯。思量即不中用❺，見性之人，言下須見。若如此者，輪刀上陣❻，亦得見之。」

眾得處分，退而遞相謂曰：「我等眾人，不須澄心用意作偈❼，將呈和尚，有何所益？神秀上座❽，現為教授師❾，必是他得；我輩謾作偈頌，枉用心力。」餘人聞語，總皆息心，咸言：「我等已後依止秀師❿，何煩作偈。」

神秀思惟⓫：諸人不呈偈者，為我與他為教授師，我須作偈，將呈和尚。若不呈偈，和尚如何知我心中見解深淺。我呈偈意，求法即善，覓祖即惡，卻同凡心奪其聖位奚別？若不呈偈，終不得法，大難大難。

五祖堂前，有步廊三間，擬請供奉盧珍畫《楞伽經變相》及《五祖血脈圖》⓬，流傳供養⓭。神秀作偈成已，數度欲呈，行至堂前，心中恍惚，遍身汗流，擬呈不得。前後經四日，一十三度，呈偈不得。

秀乃思惟：不如向廊下書著，從他和尚看見，忽若道好，即出禮拜，云是秀作。若道不堪，枉向山中數年，受人禮拜，更修何道？

是夜三更，不使人知，自執燈，書偈於南廊壁間，呈心所見。偈曰：

身是菩提樹，心如明鏡臺。
時時勤拂拭，勿使惹塵埃。

秀書偈了，便卻歸房，人總不知。秀復思惟：五祖明日見偈歡喜，即我與法有緣，若言不堪，自是我迷，宿業障重⓮，不合得法，聖意難測⓯。房中思想，坐臥不安，直至五更。

【譯文】

一天，弘忍大師召集所有的弟子，說：「世人如何解脫生死是很重要的問題，你們整天只知持戒修善追求人天福報，而不知修慧，脫離生死苦海。你們自我本有的佛性如果迷失了，做功德、求福田又哪裡能救你們脫離苦海呢？你們各自回去，運用自己的智慧觀照本心自性，各自做一首體認佛法的偈來送給我看。如果有誰能明白佛法大意，我就傳給他衣缽和教法，他將成為第六代祖師。你們趕快回去做，不得遲緩拖延。費心思考分析是沒有用的，因為能體認自我本心、識見真如佛性的人，隻言片語就能顯現出。像這樣的人，即使在戰場上將刀揮得如輪子飛舞似的剎那瞬息之間，也能見悟得悟。」

眾人聽了吩咐後，退回來相互議論道：「我們這樣的人，沒必要靜心思索花費心力來作偈，呈給大師看了，有什麼用處？神秀上座現在是教授師，第六代祖師之位一定是他的；我們這些人冒昧輕易地作偈實在是白白浪費精力。」大家聽了這話，都打消了作偈的念頭，都說：「我們以後追隨著神秀禪師就行了，何必費心作偈呢？」

神秀心中思慮：大家都不作偈呈交大師，是因為我是他們的教授師，我則必須作一首偈呈交師父。如果不作偈呈交，五祖大師怎麼知道我對佛法的見地是深還是淺。我作偈呈交五祖，如果是為了求法，那就是好的，如果是為了獲取六祖的位子，那就不對，同凡夫俗子的費盡心機去謀求聖位有什麼差別呢？但如果不作偈呈交，終究不能得法，真是太難了，太難了！

五祖大師的堂前有三間走廊，本來準備請供奉盧珍在這裡畫《楞枷經變相》和《五祖血脈圖》，用來永久流傳、受人供養的。神秀作好偈以後，好幾次想呈送給五祖，一走到大堂前，就緊張得心中恍惚，全身流汗，想呈交偈子總不成功。前前後後過了四天，共十三次想呈送，都始終沒有勇氣交上去。

神秀心中又想：不如我把所作的偈寫到堂前走廊裡，任由五祖大師看到，如果猛地稱讚這個偈好，我就出來向五祖大師致敬行禮，說明這是我神秀作的。如果五祖大師說這個偈實在不行，那就算我白白在山中修行這麼多年，枉受大家禮敬，還再修什麼道呢？

當天夜裡三更時分，神秀不讓別人知道，悄悄地自己持著燈燭，將作好的偈子寫在南廊的牆壁上，表明了他對佛法的體認。偈是這樣說的：

身是菩提樹，心如明鏡臺。
時時勤拂拭，勿使惹塵埃。

神秀寫完偈，便回到自己的房中，全寺上下都不知道這件事。神秀又想：明天五祖看到偈後，如果心生歡喜就說明我與佛法有緣。如果說實在不行，那就是我自心仍迷，前世罪業太過深重，不該得到佛法，五祖的聖意真是難以預料。神秀在房中思考，坐臥不安，一直折騰到五更時分。

【注釋】

❶生死苦海：佛教認為人都處於天、人、阿修羅、餓鬼、畜生、地獄等六道迷界中生死相續、永無窮盡的輪迴中。與「涅槃」相對稱。生死苦海，指各種苦難的世界，亦即生死輪迴之三界六道。眾生沉淪於三界之苦惱中，渺茫無際，猶如沉沒於大海難以出離，故以廣大無邊的海來比喻。

❷般若：梵文音譯。又作「波若」、「般羅若」、「缽剌若」。意譯為「慧」、「智慧」。明見一切事物及道理的高深智慧，即稱「般若」。

❸偈：譯為「頌」。頌者，美歌也。泛指一種略似於詩的有韻文辭，不問三言四言乃至多言，通常四句一偈。通用於佛教經律論。

❹衣法：指衣與法。禪宗傳承，師傳法於弟子都以付授的袈裟為表徵，傳衣即傳法之義。內傳心法以印證宗門的佛心宗旨，外傳僧衣以表示師承的信實無虛。衣，指出家人的袈裟。法，正法，指傳正法之信徵。

❺思量即不中用：表明禪宗認為若要明白本心，通過思考分析是沒有用的，是不能達到的。思量，即思慮度量事理的意思。

❻輪刀上陣：指上陣作戰，舞刀飛轉如旋轉的車輪一般。

❼澄心：使心緒澄靜平定，集中凝慮。

❽神秀上座：唐代禪僧（六〇五－七〇六），五祖弘忍弟子之一。汴州尉氏人，俗姓李。身長八

尺，龍眉秀目，有巍巍威德，少覽經史，博學多聞。至蘄州雙峰東山寺，參謁五祖求道。弘忍深為器重，令為教授師，因居五祖門中第一位，有神秀上座之名。弘忍示寂後神秀師遷江陵當陽山傳法，道譽大揚。禪門中將之與惠能稱為「南能北秀」。禪宗北宗，與南宗的「頓悟」說不同，其教法力主漸悟之說，故而禪史有「南頓北漸」之稱。神龍二年（七〇六）神秀示寂，壽一〇二，敕號「大通禪師」，為禪門諡號最早者。上座，指寺院僧職的名稱。唐以前上座是寺院之首，唐以後上座為禪宗寺院住持之下的職位。

❾教授師：是專門負責教授弟子威儀、作法的軌範師，專門給受具足戒的僧人教授有關行住坐臥等威儀。

❿依止：即依存而止住的意思。依賴於有力、有德者之處而不離，亦稱為「依止」。

⓫思惟：即思考推度。思考真實的道理，稱為「正思惟」，係「八正道」之一；反之，則稱「邪思惟」（不正思惟），乃「八邪」之一。

⓬供奉：官名。指被朝廷或皇家聘用的官員，多為擅長文學、美術等各種技藝的人。《楞伽經》：為佛教經典。全名《楞伽阿跋多羅寶經》或《入楞伽經》，四卷本，南朝劉宋求那跋陀羅譯，收於《大正藏》第十六冊。楞伽，山名。阿跋多羅，「入」之意思。意謂佛陀入此山所說之寶經，本經宣說世界萬有皆由心所造，人認識的對象不在外界而在內心。《楞伽經》對中國禪宗的影響頗大。變相：指依經典之記載，描繪佛的本生故事，或淨土莊嚴、地獄相狀等圖畫，用以宣傳教

義。又作「變像」、「變繪」，略稱「變」。變，乃變動、轉變之意，即將種種真實之動態，以圖畫或雕刻加以描繪。

⑬供養：奉養的意思，對上含有親近、奉事、尊敬的意思，對下含有同情、憐惜、愛護的意思。又作「供」、「供施」、「供給」、「打供」，意指供食物、衣服等予「佛法僧」三寶、師長、父母、亡者等。供養初以身體行為為主，後亦包含純粹的精神供養，故有身分供養、心分供養之分。

⑭宿業障重：又稱「宿作業」。佛教說宿業是指過去世所造的善惡業因。障，指煩惱，煩惱能障礙聖道，故名「障」。「宿業障重」即指過去世所作的惡業煩惱深重，影響人認識本心。

⑮聖意：這裡指弘忍的心意。

祖已知神秀入門未得，不見自性。天明，祖喚盧供奉來，向南廊壁間繪畫圖相，忽見其偈。報言：「供奉卻不用畫，勞爾遠來。經云：凡所有相，皆是虛妄❶。但留此偈，與人誦持。依此偈修，免墮惡道❷。依此偈修，有大利益。」令門人炷香禮敬❸，盡誦此偈，即得見性。

門人誦偈，皆歎善哉❹。

祖三更喚秀入堂，問曰：「偈是汝作否？」

秀言：「實是秀作，不敢妄求祖位。望和尚慈悲❺，看弟子有少智慧否？」

祖曰：「汝作此偈，未見本性，只到門外，未入門內。如此見解，覓無上菩提❻，了不可得。無上菩提，須得言下識自本心，見自本性。不生不滅❼，於一切時中❽，念念自見❾，萬法無滯，一真一切真，萬境自如如❿。如如之心，即是真實⓫。若如是見，即是無上菩薩之自性也。汝且去一兩日思惟，更作一偈，將來吾看汝偈，若入得門，付汝衣法。」

神秀作禮而出，又經數日，作偈不成，心中恍惚，神思不安，猶如夢中，行坐不樂。

復兩日，有一童子⓬，於碓坊過⓭，唱誦其偈。惠能一聞，便知此偈未見本性。雖未蒙教授，早識大意。遂問童子曰：「誦者何偈？」

童子曰：「爾這獦獠不知。大師言：『世人生死事大。』欲得傳付衣法，令門人作偈來看。若悟大意，即付衣法，為第六祖。神秀上座，於南廊壁上，書無相偈，大師令人皆誦，依此偈修，免墮惡道。依此偈修，有大利益。」

惠能曰：「我亦要誦此，結來生緣。上人⓮，我此踏碓，八個餘月，未曾行到堂前，望上人引至偈前禮拜。」

童子引至偈前禮拜。惠能曰：「惠能不識字，請上人為讀。」

時有江州別駕⓯，姓張，名日用，便高聲讀。惠能聞已，遂言：「亦有一偈，望別駕為書。」

別駕言：「汝亦作偈，其事希有。」

【譯文】

五祖本來已經了解神秀是還未真正入道，還不能識見自心自性的。天亮後，五祖請來供奉盧珍，帶到南邊廊下，準備請他繪製壁畫，猛地看到神秀書寫的這個偈，便向盧珍宣稱道：「供奉，不用再畫了，勞駕你遠道而來。佛經上說：凡是一切有形體相狀的東西都是虛幻不真實的。只留下這首偈，讓人們念誦持奉，依照這個偈去修行，可以避免墜入惡道；依照這個偈的道理去修行，會有很大的利益。」於是，五祖讓門下弟子們焚香敬禮，都來念誦這首偈，可以識見自性。

弟子們依照五祖大師的話去念誦這個偈，都心生歡喜稱讚不已。

五祖當天夜裡三更時分把神秀叫到堂上，問道：「偈是你作的嗎？」

神秀回答道：「確實是神秀我作的，不敢奢望求取第六代祖師的位置，只希望師父發發慈悲，衡量弟子我是否還有一點智慧？」

五祖大師說：「你作的這個偈，還沒有認識到本性，你只到了門外，還沒有登堂入室。依照這樣的見解，要想獲得無上的覺悟，是不可能的。所謂無上的覺悟，是必須當下識心見性。認識到本心佛性沒有生起和毀滅，於任何時候、在每一念中，即時時刻刻、在在處處都能清楚明白地了知。一切事物現象相互融通而無滯礙，事物本性真實因而一切萬法真實不虛，如實呈現。體現真如佛性，自心如實呈現，就是真實。如果有了這樣的見解就是體證無上覺悟的本性。你姑且先回去再思考一兩天，作一個新的偈給我看。如果重寫的偈表明你真的入門了，我就將衣缽傳給你。」

神秀向五祖行禮後退出來。又過了幾天，偈仍然沒能作成，心中整天恍恍惚惚，精神不安，猶如在夢中一般，行住坐臥都悶悶不樂。

又過了兩天，有一個童子，從碓坊前經過，口中唱誦著神秀所作的偈。惠能一聽就知道這首偈還沒有認識到本心自性。惠能雖然從未蒙受過點化指導，但心中早已認識了佛法的大意。於是就問童子：「你念的是什麼偈啊？」

童子說：「你這獦獠有所不知。五祖弘忍大師說：『世上眾生脫離生死苦海是亟待解決的大問題。』他要傳授衣缽和教法，讓弟子們各寫一個偈給他看。如果誰悟得佛法大意，就傳衣缽給他，讓他成為第六代祖師。上座師神秀在南廊牆壁上，寫了這首無相偈，五祖弘忍大師讓弟子們都念誦這首偈，依照這首偈修行，可以避免墜入惡道；依照這首偈修行，會有大受益。」

惠能說：「我也要念誦這首偈，為來生結緣。上人，我在這裡踏碓舂米，已經八個月了，從來沒有走到堂上去，希望上人能帶領我到偈前去禮敬膜拜。」

童子便帶惠能到偈前去禮拜。惠能說：「惠能我不識字，請上人為我讀一遍。」

當時，有位叫張日用的江州別駕在場，便高聲誦讀了神秀的偈。惠能聽了以後便說：「我也有一偈，希望別駕為我寫下來。」

別駕說：「你也寫？這件事真是稀奇少有。」

【注釋】

❶ 凡所有相，皆是虛妄：出自《金剛經》，意為世界上一切現象都是虛幻不實的。相，指能為人們所感覺到的一切有形體的事物和現象。虛，即無實。妄，是不真。虛妄即虛假、非真實的意思。

❷ 惡道：為「善道」的對稱，與「惡趣」同義，即指生前造作惡業，而在死後所去往的苦惡處所，主要指地獄。在「六道」之中，一般以地獄、餓鬼、畜生三者稱為「三惡道」，阿修羅、人間、天上則稱為「三善道」。

❸ 炷香：即燒香、燃香。禮敬：又作「敬禮」，即禮拜恭敬的意思。

❹ 善哉：稱讚之辭，為契合我意的稱歎之語。古印度在開會議決之際，表示贊成時皆用此語；又釋尊或其他諸佛在贊同其弟子的意見時，也發此語。

❺ 慈悲：與樂曰慈，慈愛眾生並給予快樂；拔苦曰悲，同感其苦，憐憫眾生並拔除其苦。二者合稱為「慈悲」。佛陀之悲就是以眾生苦為己苦的同心同感狀態，故稱「同體大悲」；又因其悲心廣大無盡，故稱「無蓋大悲」。

❻ 無上菩提：指至高無上的覺悟。菩提有三等，佛、緣覺、聲聞，各於其果所得的覺智，稱為「菩

提」。此中佛所得的菩提，無有過之者，為無上究竟，故稱「無上菩提」。

❼不生不滅：生滅，指生起與滅盡，與「生死」同義。離因緣而永久不變的常住存在為無為法，無生無滅、不生不滅。依因緣和合而有，叫做「生」；依因緣分散而無，叫做「滅」。有生有滅，是有為法，不生不滅，是無為法。「不生不滅」乃「生滅」的相對詞，是「常住」的別名，也是永生的意思。凡佛經均不外此意。

❽於一切時中：指在過去、現在和未來的一切時間，即時時刻刻。一切時，指從無始以來相續無窮的時間，稱為「一切時」。無論何時，包括過去、現在、未來所有的時間，都稱為「一切時」。

❾念念自見：佛教認為事物和現象變化之迅速莫過於人的心念的起滅。念念者，剎那的意思，意謂極其短暫之時間。

❿萬境自如如：即指萬事萬物都真實平等，沒有分別。萬境，指一切的境界，即人們感覺和思維的一切事物和現象。如如，即「如於真如」。是不動、寂默、平等不二、不起顛倒分別的自性境界，即如理智所證得的真如，故而稱「如如」。

⓫真實：離迷情、絕虛妄稱為「真實」。與「方便權假」對應。身口各異，言念無實，稱為「虛偽」。若表裡如一，更無虛妄，則為「真實」。

⓬童子：對寺院中尚未正式出家的青少年的稱呼。

⓭碓坊：舂米的房間。

⓮上人：上德之人。是對智德兼備而可為眾僧及眾人師者的高僧的尊稱。《釋氏要覽》卷上謂內有智德，外有勝行，在眾人之上者為「上人」。後逐漸成為對出家僧人的尊稱。這裡是惠能對童子的尊稱。

⓯別駕：官名。漢代設立，為州長官的輔佐。因隨從州官出巡轄境時，別乘驛車隨行而得名。

惠能向別駕言：「欲學無上菩提，不得輕於初學。下下人有上上智，上上人有沒意智❶。若輕人，即有無量無邊罪❷。」

別駕言：「汝但誦偈，吾為汝書。汝若得法，先須度吾❸，勿忘此言。」

惠能偈曰：

菩提本無樹，明鏡亦非臺。

本來無一物，何處惹塵埃？

書此偈已，徒眾總驚，無不嗟訝，各相謂言：「奇哉，不得以貌取人，何得多時使他肉身菩薩❹。」

祖見眾人驚怪，恐人損害，遂將鞋擦了偈，曰：「亦未見性。」眾以為然。

次日祖潛至碓坊，見能腰石舂米，語曰：「求道之人，為法忘軀，當如是乎！」

乃問曰：「米熟也未❺？」

惠能曰：「米熟久矣，猶欠篩在❻。」

祖以杖擊碓三下而去❼。惠能即會祖意。三鼓入室。

祖以袈裟遮圍❽，不令人見。為說《金剛經》，至「應無所住而生其心」❾，惠能言下大悟「一切萬法不離自性」。遂啟祖言：「何期自性，本自清淨；何期自性，本不生滅；何期自性，本自具足❿；何期自性，本無動搖；何期自性，能生萬法。」

祖知悟本性，謂惠能曰：「不識本心，學法無益。若識自本心，見自本性，即名丈夫、天人師、佛⓫。」

三更受法，人盡不知，便傳頓教及衣缽⓬。云：「汝為第六代祖，善自護念，廣度有情⓭，流布將來，無令斷絕。聽吾偈。」曰：

有情來下種，因地果還生。
無情既無種，無性亦無生。

祖復曰：「昔達磨大師⓮，初來此土，人未之信，故傳此衣，以為信體，代代相承。法則以心傳心，皆令自悟自解。自古佛佛惟傳本體，師師密付本心。衣為爭端，止汝勿傳，若傳此衣，命如懸絲，汝須速去，恐人害汝。」

惠能啟曰：「向甚處去？」

祖云：「逢懷則止，遇會則藏⓯。」

惠能三更領得衣鉢，云：「能本是南中人，素不知此山路，如何出得江口？」

五祖言：「汝不須憂，吾自送汝。」

【譯文】

惠能對張別駕說：「想要參習無上的菩提覺道，不應該輕視初學佛法的人。下下等的人中會有上上等的智慧，上上等的人中也有愚鈍沒智慧的。如果輕視別人，就犯下了不可估量的罪過。」

張別駕便說：「你就說你的偈吧，我為你寫。你如果得了法，一定要先來度我，請千萬別忘了這句話。」

惠能的偈說道：

菩提本無樹，明鏡亦非臺。

本來無一物，何處惹塵埃？

張別駕把這首偈寫完以後，弟子眾人全部驚訝不已，沒有一個不唏嘘感嘆的，互相說道：「真是奇蹟啊，人不應該以貌取人，什麼時候他竟成了肉身菩薩。」

五祖看見大家驚訝瞋怪，唯恐有人要起心加害惠能，便用鞋將偈擦掉，說：「這首偈也沒有見得本心。」於是大家都認為是這樣的。

第二天，五祖悄悄地來到碓坊，看見惠能彎腰拴著一塊大石頭正費力地舂米，說道：「求佛道的人，為了佛法忘卻自身，正應當像這樣啊！」

便問道：「米熟了沒有？」

惠能說：「米早就熟了，就差篩子篩一下了！」

五祖弘忍大師用柱杖在碓石上敲了三下走了，惠能立刻明白了五祖的心意。在當天晚上三更時分來到了五祖的房裡。

五祖用自己的袈裟把門窗遮圍起來，不讓人看見。為惠能講解《金剛經》，當講到「應無所住而生其心」時，惠能當下開悟，明白了「一切萬法不離自性」的道理。惠能於是稟告五祖說：「想不到自我的本性原本是清淨的；想不到自我的本性原本是不生不滅的；想不到自我的本性原本是自我具足的；想不到自我的本性原本是沒有動搖的，想不到自我的本性是能解釋產生一切萬法的。」

五祖弘忍大師知道惠能已悟得了本性，便對惠能說：「不能認識本心，學習佛法是沒有用的。如果認識了自我本性，識見了自己的本心，這樣的人就可稱為大丈夫、天人師和佛。」

五祖弘忍三更時分傳授惠能佛法，人們都不知道。於是五祖把禪宗頓悟法門和衣鉢傳給了惠能，說：「你現在是第六代祖師，請善自珍重，好自護念，廣度天下有情眾生，將來廣泛流布本門教法，不使它中斷失傳。聽我的偈吧。」偈說：

有情來下種，因地果還生。

無情即無種，無性亦無生。

五祖弘忍大師又說：「當年達磨大師剛剛由印度來中土傳揚佛法的時候，人們都不相信他，所以傳下這件袈裟作為信物，用來代代相傳，以為表證。頓教法門則是以心傳心，心心印證，都要自己求證得解脫。自古以來諸佛所傳都是以真諦為根本，祖師代代相承也都是密付教法，識見本心。衣鉢實在是爭奪的禍端，到你這兒就不要再傳了，如果再傳這件袈裟，你的性命就如同繫千鈞於一髮，時刻都有危險。你必須趕快離開，恐怕有人要加害於你。」

惠能問五祖弘忍大師：「往哪裡去呢？」

五祖說：「遇到帶『懷』字的地方就停下來，碰到帶『會』字的地方就隱居起來。」

惠能於三更時分領受了衣鉢，說道：「惠能我原本是南方人，平日裡不了解這裡的山路，怎麼能離開到江口去呢？」

五祖說：「你不需要擔憂，我會親自送你的。」

【注釋】

❶ 沒意智：即指愚鈍、沒有智慧或智慧被埋沒的意思。意智，即思量之意。

❷ 無量：指不可計量之意。指空間、時間、數量之無限，亦指佛德之無限。無邊：指廣大而無邊際也。

❸度：渡過之意。指從此處渡經生死迷惑之大海，而到達覺悟彼岸。出家為覺悟之第一步，故稱出家為「得度」，即從生死此岸到解脫涅槃的彼岸。

❹肉身菩薩：菩薩，指據大乘佛教教義修行而能夠於未來成就佛道的修行者。肉身菩薩，指生身菩薩，即以父母所生之身而至菩薩修行階位的人。肉身菩薩於入寂後可得全身舍利。所謂舍利，據《法苑珠林》卷四十所載，舍利即身骨，為有別於凡夫死人之骨，故保留梵名。可分為三種：一、骨舍利，白色；二、髮舍利，黑色；三、肉舍利，赤色。全身舍利係於高僧或大善知識示寂後，其身軀雖經年代久遠，時空變遷，卻未腐朽潰爛，常保原形而栩栩如生。

❺米熟也未：禪家講「劈柴擔水，無非妙道」，此處以舂米為喻，暗示詢問惠能悟道了沒有，思維是否成熟了。

❻猶欠篩在：此處以篩子篩米為喻，暗示惠能稱自己思慮早已成熟，就差五祖弘忍大師點化開示或驗證肯定了。

❼祖以杖擊碓三下而去：此處指五祖弘忍大師暗示惠能是夜三更來見。

❽袈裟：比丘的法衣，解釋為不正色、壞色、染色等意義，因為出家比丘所穿的法衣，都要染成濁色，故袈裟是依染色而立名的。又因其形狀為許多長方形割截的小布塊縫合而成，有如田畔，故又名「割截衣」或「田相衣」，亦稱「福田衣」。

❾應無所住而生其心：為《金剛經》中之名句，與《心經》中「空即是色」義同。意即不論處於何

境，此心皆能無所執著，而自然生起。心若有所執著，猶如生根不動，則無法有效掌握一切。故不論於何處，心都不可存有絲毫執著，才能隨時任運自在，而如實體悟真理。

❿具足：「具備滿足」的略稱。

⓫丈夫：又譯作「士夫」，指成年男子，或諸根圓具的男子。人中之最勝者為丈夫，是勇進正道修行不退者。此處是「調御丈夫」的簡稱，「調御丈夫」是佛十大名號之一，意為佛能調御一切可度之丈夫，使入修道也。天人師：為如來十大名號之一。又作「天人教師」，謂佛陀為諸天與人類之教師，示導一切應作不應作、是善是不善，若能依教而行，不捨道法，能得解脫煩惱之報，故稱「天人師」。

⓬頓教：指頓悟成佛的教法。以說法內容分，長時間修行而後到達悟的教法，稱為「漸教」；迅即證得佛果、成就菩提之教法，稱為「頓教」。衣缽：指「三衣」及「一缽」。三衣，指九條衣、七條衣、五條衣三種袈裟。缽，乃修行僧之正式食器，為出家眾所有物中最重要者。受戒時，「三衣一缽」為必不可少之物，亦為袈裟、鐵缽之總稱。禪宗之傳法即傳其衣缽於弟子，稱為「傳衣缽」，因此亦引申為師者將佛法大意傳授於後繼者。

⓭有情：舊譯為「眾生」，即生存者之意。關於「有情」與「眾生」，有說「有情」係指人類、諸天、餓鬼、畜生、阿修羅等有情識的生物。而草木金石、山河大地等為非情、無情之物。「眾生」包括「有情」及「無情」二者。另一說則認為「有情」即是「眾生」之異名，二者乃一體而

異名，皆包括有情之生物及無情之草木等。

⑭ 達磨：又作「達摩」。指菩提達磨（?—五三五），為我國禪宗初祖，西天第二十八祖。梁武帝普通元年（五二〇）泛海至廣州番禺，武帝遣使迎至建業，然而與武帝語不相契，遂渡江至魏，於嵩山少林寺面壁坐禪，傳法給弟子慧可，授袈裟及《楞伽經》四卷。入寂後葬於熊耳山上林寺。梁武帝尊稱師為「聖胄大師」；唐代宗賜「圓覺大師」之謚號。

⑮ 懷：指懷集縣，今天的廣西梧州。會：指四會縣，今天的廣東新會。

祖相送直至九江驛❶。祖令上船，五祖把櫓自搖。惠能言：「請和尚坐，弟子合搖櫓❷。」祖云：「合是吾渡汝。」惠能云：「迷時師度，悟了自度，度名雖一，用處不同。惠能生在邊方，語音不正，蒙師傳法，今已得悟，只合自性自度。」祖云：「如是如是。以後佛法，由汝大行，汝去三年，吾方逝世。汝今好去，努力向南，不宜速說，佛法難起。」

惠能辭違祖已❸，發足南行。兩月中間，至大庾嶺❹，逐後數百人來，欲奪衣鉢。一僧俗姓陳，名惠明。先是四品將軍，性行粗糙，極意參尋❺，為眾人先，趁及惠能。惠能擲下衣鉢於石上，曰：「此衣表信，可力爭耶。」能隱草莽中，惠明至，提掇不動。乃喚云：「行者行者，我為法來，不為衣來！」

惠能遂出，盤坐石上。惠明作禮云：「望行者為我說法。」惠能云：「汝既為法而來，可屏息諸緣[6]，勿生一念，吾為汝說。」

明良久。惠能云：「不思善，不思惡，正與麼時，那個是明上座本來面目[7]。」

惠明言下大悟。復問云：「上來密語密意外[8]，還更有密意否？」

【譯文】

五祖一直把惠能送到九江驛。五祖讓惠能上船，五祖抓起櫓親自搖起來。惠能說：「師父請坐，應該弟子搖櫓。」五祖說：「應該是我度你到彼岸。」惠能說：「我迷悟時師父度我，我開悟時應當自己度自己，同樣是度，但師父度我和我度自我，用起來卻不一樣。我生長在邊遠地方，連語言發音都不正確，承蒙師父傳授教法，現在已經得悟，應該以自己本心自己度自己了。」五祖說：「是這樣！是這樣！今後佛法要由你廣為流布了。你離開後三年，我才會離開人世。你善自珍重，好生離去，奮力向南方走，不適宜過早講說頓教法門，因為這些年內佛法很難興盛起來。」

惠能辭別了五祖之後，拚命往南走。不到兩個月，抵達了大庾嶺。這時，後面跟隨追蹤而來的有幾百人，都想來搶奪衣缽。

一個僧人俗姓陳，叫惠明，以前是四品將軍，性格行為比較粗魯，正極力地追蹤尋找，他跑到眾人的前面，趕上了惠能。惠能將衣缽扔在石頭上，說：「這件袈裟象徵著佛法，難道是可以武力來爭奪的嗎？」

惠能於是隱藏在草叢中。惠明追來後，石頭上的袈裟卻怎麼也拿不起來，袈裟紋絲不動，於是就大喊道：「行者，行者，我是為佛法來的，不是為袈裟來的！」

於是惠能便出來了，盤腿坐在石頭上。惠明向他行禮並說：「懇望行者為我宣講佛法。」惠能說：「你既然是為了佛法而來，可以去除止息心中一切想法，不要生一點雜念，我為你講說佛法。」

惠明進行了長時間的靜默。惠能說：「不要有意識地思量善，不要有意識地思量惡，在這種狀態下，惠明上座你的本來面目是什麼呢？」

惠明聽了立刻大悟，又問：「除了剛才所說的密語密意之外，還有什麼密意嗎？」

【注釋】

❶九江驛：今江西九江。一說，為湖北黃梅的一個驛站名。

❷合：應該，理應。

❸辭違：辭別，告辭。

❹大庾嶺：在今江西大庾南、廣東南雄北，是「五嶺」之一。相傳漢武帝時，有庾姓將軍築城於此，因名「大庾嶺」，又稱「庾嶺」。

❺參尋：追蹤尋找。

❻屏息諸緣：指屏息凝神，排除一切雜念。諸緣，指人心所追求、迷戀的一切現象。

❼本來面目：禪林用語。乃人人本具、不迷不悟之面目，即自己的自性，離開了一切的煩惱和染污，就是自己的本來面目。

❽密語密意：指佛陀真實、秘密之言語與教示。密意，隱藏的旨意，即佛特殊的意趣。密意所說之語，稱為「密語」。

惠能云：「與汝說者，即非密也。汝若反照，密在汝邊。」

明曰：「惠明雖在黃梅，實未省自己面目。今蒙指示，如人飲水，冷暖自知。今行者即惠明師也。」

惠能曰：「汝若如是，吾與汝同師黃梅。善自護持。」

明又問：「惠明今後向甚處去？」

惠能曰：「逢袁則止，遇蒙則居❶。」

明禮辭。

惠能後至曹溪❷，又被惡人尋逐。乃於四會，避難獵人隊中，凡經一十五載。時與獵人隨宜說法❸。獵人常令守網，每見生命，盡放之。每至飯時，以菜寄煮肉鍋。或問，則對曰：但吃肉邊菜。

一日思惟：時當弘法❹，不可終遁。遂出至廣州法性寺❺，值印宗法師講《涅槃經》❻。

時有風吹幡動❼，一僧曰風動，一僧曰幡動，議論不已。

惠能進曰：「不是風動，不是幡動，仁者心動❽。」一眾駭然。印宗延至上席，徵詰奧義。見惠能言簡理當，不由文字。宗云：「行者定非常人。久聞黃梅衣法南來，莫是行者否？」

惠能曰：「不敢。」

宗於是作禮，告請傳來衣鉢，出示大眾。宗復問曰：「黃梅付囑❾，如何指授？」

惠能曰：「指授即無，惟論見性，不論禪定解脫❿。」

宗曰：「何不論禪定解脫？」

能曰：「為是二法，不是佛法。佛法是不二之法⓫。」

宗又問：「如何是佛法不二之法？」

惠能曰：「法師講《涅槃經》，明佛性是佛法不二之法。如高貴德王菩薩白佛言⓬：『犯四重禁⓭，作五逆罪⓮，及一闡提等⓯，當斷善根佛性否？』佛言：『善根有二：一者常，二者無常。』佛性非常非無常，是故不斷，名為不二。一者善，二者不善，佛性非善非不善，是名不二。蘊之與界⓰，凡夫見二，智者了達其性無二，無二之性即是佛性。」

【譯文】

惠能說：「和你說了的，就不是秘密。你如果能夠憑藉智慧返觀本心，妙法就在你那一邊。」

惠明說：「惠明雖然一直在黃梅修行，其實從未醒悟認識自己本來面目。今天承蒙指示，就像人喝水一樣，是涼是熱只有自己知道。從今以後，你就是我惠明的師父了！」

惠能說：「你如果是這麼想，那我和你都共同以五祖弘忍為師吧，今後好好護念修持。」

惠明又問：「惠明我今後應該往哪裡去？」

惠能說：「碰到帶『袁』字的地方就可以停下來，遇到帶『蒙』的地方就可以住下來。」

惠明於是行禮並辭行。

惠能後來來到了曹溪山，又被惡人追趕。於是在四會這個地方，不得不混跡於獵人的隊伍裡，一晃就是十五年。這段時間裡，他常常根據獵人們的不同情況，適時地給他們講佛法。獵人們經常讓他在捕獸的網邊看守，每當看到有動物落入網中，惠能都將牠們放生。每次到了吃飯的時候，惠能總是把蔬菜放在肉鍋裡煮熟了吃。有時被問到為什麼這樣做，惠能就回答：我只吃肉鍋裡的菜。

終於有一天，惠能思慮：該是弘法的時候了，不能一直這樣隱遁下去。於是惠能離開四會來到廣州法性寺，正好碰上印宗法師在講《涅槃經》。這時一陣風吹著旌旗開始飄動，有一個僧人說這是風在動，一個僧人說這是旗在動，於是爭論不休。

惠能這時進來說：「不是風在動，也不是旗在動，是諸位的心在動。」

在場的僧人都驚訝不已。印宗法師於是將惠能請到上席就座，向他提問求證佛法深奧的大意。惠能所說的都簡單明白，句句如理，不拘泥於文字。印宗說：「行者一定不是尋常的人。我早就聽說得傳黃梅弘忍大師衣鉢教法的人來到了南方，是不是就是你呢？」

惠能說：「不敢當。」

印宗於是向惠能行禮，請求惠能將五祖弘忍大師所傳的袈裟取出來展示給大家看。印宗又問：「黃梅五祖弘忍大師所傳付的衣鉢教法究竟是如何說的？」

惠能說：「並沒有說什麼，只是探究如何明心見性，而不提倡通過修禪習定得解脫。」

印宗問：「為什麼不提倡修禪習定得解脫呢？」

惠能說：「因為修禪習定求解脫是有分別、有對待的法，不是佛法。佛法是不二之法。」

印宗又問：「什麼是佛法的不二之法呢？」

惠能說：「法師你講《涅槃經》，知道識見佛性是佛法的不二之法。比如光明普照高貴德王菩薩對佛說：『犯了殺生、盜竊、邪淫、撒謊的四種根本戒；犯了殺父、殺母、殺阿羅漢、分裂僧團和傷害佛身體的五逆罪，還有不信佛法，斷絕一切善根，不解成佛的一闡提等等，應當是斷絕佛性和善根了吧？』佛說：『善根有兩種，一個是永恆不變的，另一個是轉瞬易逝的。』佛性既不是永恆不變也不是轉瞬即逝的，所以善根是不斷滅的，這就是佛法的不二之法。五戒十善是善，五逆十惡是不善，而佛性是既不是善也不是不善，這就是佛法的不二之法。五蘊十八界，凡夫俗子看到的是差別，智慧之人了解通達它的本性是無差別的，這無差別的本性就是佛性。」

【注釋】

❶逢袁則止，遇蒙則居：指示惠明遇到地名中有「袁」字的地方就可以停下來，遇到地名中有「蒙」字的地方則可以居住下來。袁指袁州，蒙指袁州蒙山，今天的江西宜春，惠明後來居住在這裡。

❷曹溪：位於韶州（今廣東曲江東南）之河，發源於狗耳嶺，西流與溱水合，以經曹侯塚故，又稱「曹侯溪」。梁天監元年（五〇二）天竺婆羅門三藏智藥到曹溪口，飲其水而知此源為勝地，乃勸村人建寺，復因其地似西國之寶林山，故稱「寶林寺」。智藥預言，一百七十年後有肉身菩薩於此開演無上法門，得道者如林。六祖惠能在此弘法，故也稱「曹溪大師」，後來也成為禪宗南宗的代稱。

❸隨宜說法：順應眾生不同能力、根器，順應不同時間、地點各施以適當之教法，進行宣說佛法，以達完全效果稱為「隨宜所說」、「隨宜說法」。說法，即宣說佛法，以化導利益眾生。

❹弘法：弘通正法。

❺廣州法性寺：又作「制旨寺」、「制止道場」，今稱為「光孝寺」，位於廣州西北部。東晉時，罽賓僧始造立寺宇，號「王園寺」。南朝時，真諦住此翻譯經典，慧愷、僧宗等亦跟隨來此，一

時譯經風盛。唐貞觀年間，稱為「乾明法性寺」。唐高宗儀鳳元年（六七六），六祖惠能至本寺，開「東山法門」。宋以後改為「廣孝寺」。

❻印宗法師（六二七—七一三）：唐代僧，吳郡人。於廣州法性寺宣講《涅槃經》，遇六祖惠能大師，始悟玄理，而以惠能為傳法師，八十七歲示寂。《涅槃經》：全稱《大般涅槃經》，為北涼曇無讖譯，四十卷。《涅槃經》主要宣揚佛身常在和「一切眾生，悉有佛性」的思想。

❼幡：乃旌旗之總稱。原為武人在戰場上用以統領軍旅、顯揚軍威之物，佛教則取之以顯示佛菩薩降魔之威德，與「幢」同為佛菩薩之莊嚴供具。幡之形狀，一般是由三角形的幡頭、長方形的幡身、置於幡身左右的幡手，及幡身下方的幡足構成，有大有小。幡通常是布製，然亦有金銅製、雜玉製、紙製等類。

❽仁者：乃對人之敬稱，或單稱「仁」。

❾付囑：原為付託、寄託之意。在佛經中，被引申為佛陀付託弘法布教的使命。禪宗常用以指囑託袈裟等物，並轉而表示師父以佛法的奧義授予弟子，故「付囑」乃成禪宗的傳統用語。

❿禪定：禪，為梵語「禪那」之略，譯曰「思惟修」、「靜慮」。定，為梵語「三昧」之譯，心定止一境而離散動之義。「禪」與「定」皆為令心專注於某一對象，而達於不散亂的狀態。解脫：指由煩惱束縛中解放，而超脫迷苦之境地。以能超度迷妄之世界，故又稱「度脫」；以得解脫，故稱「得脫」。廣義言之，擺脫世俗任何束縛，於宗教精神上感到自由，均可用以稱之。佛教以

「涅槃」與「解脫」表示實踐道之終極境地。

⓫不二之法：獨一無二之法門。不二，又作「無二」、「離兩邊」，指對一切現象應無分別，或超越各種區別。

⓬高貴德王菩薩：具名「光明遍照高貴德王菩薩」。《涅槃經疏》十九曰：「光明遍照，論外化廣。高貴德王，辨內行深。」

⓭四重禁：指比丘極嚴重之四種禁制，全稱「四重禁戒」，略作「四重」，又作「四重罪」、「四波羅夷罪」。即：一、殺生；二、偷盜；三、邪淫；四、妄語。

⓮五逆罪：即五重罪，指罪大惡極，極逆於理者，有大乘五逆、小乘五逆之分。小乘五逆（單五逆）指：害母、害父、害阿羅漢、惡心出佛身血、破僧等五者。大乘五逆（複五逆）即：⑴破壞塔寺，燒毀經像，奪取三寶之物，或教唆他人行此等事，而心生歡喜；⑵誹謗聲聞、緣覺以及大乘法；⑶妨礙出家人修行，或殺害出家人；⑷犯小乘五逆罪之一；⑸主張所有皆無業報，而行十不善業或不畏後世果報，而教唆他人行十惡等。

⓯一闡提：是不信佛法之義，即指斷絕一切善根、無成佛之性、無法成佛者。

⓰蘊之與界：即指「五蘊」與「十八界」。五蘊，即類聚一切有為法之五種類別。一、色蘊，即一切色法之類聚；二、受蘊，苦、樂、捨、眼觸等所生之諸受；三、想蘊，眼觸等所生之諸想；四、行蘊，除色、受、想、識外之一切有為法，亦即意志與心之作用；五、識蘊，即眼識等諸識

之各類聚。十八界，即十八種類自性各別不同，又作「十八持」。即眼、耳、鼻、舌、身、意等六根（能發生認識之功能），及其所對之色、聲、香、味、觸、法等六境（為認識之對象），以及感官（六根）緣對境（六境）所生之眼、耳、鼻、舌、身、意等六識，合為「十八種」，稱為「十八界」。界為種類、種族之義。

印宗聞說，歡喜合掌❶，言：「某甲講經❷，猶如瓦礫；仁者論義，猶如真金。」於是為惠能剃髮❸，願事為師。惠能遂於菩提樹下，開東山法門❹：

「惠能於東山得法，辛苦受盡，命似懸絲。今日得與使君、官僚、僧尼、道俗同此一會，莫非累劫之緣❺，亦是過去生中供養諸佛，同種善根，方始得聞如上頓教、得法之因。教是先聖所傳，不是惠能自智。願聞先聖教者，各令淨心，聞了各自除疑，如先代聖人無別。」

一眾聞法，歡喜作禮而退。

【譯文】 印宗聽了這些講說之後，心中歡喜，恭敬地合掌禮拜，說：「我對佛教經典的講解就像磚瓦土塊一樣毫無價值；而仁者您談論佛法大義，就如同純金一樣令人珍惜。」於是為惠能剃髮剃度，並希望拜惠能為師。惠能於是就在菩提樹下，開講五祖弘忍傳授下來的佛教教法：

「惠能自從在弘忍大師那裡得傳教法，受盡了辛苦，生命總是危在旦夕。今天能夠和韋刺史、各位官員、諸位僧尼道俗在這裡相聚於法會，是許多劫以來積下的緣分成就的，也是過去世中供養禮敬佛菩薩，一同種下了善根，才有了今天聽聞佛門無上的頓教法門和我獲得這些教法的因由。此頓教法門都是歷代佛祖所傳授下來的，並不是我惠能個人的智慧。如果希望傾聽先聖教諭的，都各自讓自己內心清淨，聽了教諭之後，各自去除心中癡疑惑障，那樣就和先聖前賢們沒什麼區別了。」

所有人聽了教法，內心歡喜，禮拜之後退了出去。

【注釋】

❶合掌：又作「合十」，即合併兩掌，集中心思，而恭敬禮拜之意。本為印度自古所行之禮法，佛教沿用之。

❷某甲：可以指他人也可以指自己。這裡指自己。講經：講說經典。即公開宣講、演說佛典之義理、內涵。有時，亦稱有關佛法之專題演講為講經。舉行講經的場所，稱為「講席」、「講筵」、「講肆」、「講座」等，講說者稱為「講師」、「講主」、「講士」、「講匠」。

❸剃髮：又作「薙髮」、「削髮」、「祝髮」、「落剃」、「落飾」、「落髮」、「淨髮」、「莊

髮」，即出家皈依佛門時，剃除髮、鬚而成為僧、尼。此係佛弟子為去驕慢，且別於外道，或避免世俗之虛飾，而行剃髮。

❹東山法門：指五祖的法門，因五祖弘忍禪師住在蘄州黃梅之黃梅山，其山在縣之東部，因而叫做「東山」。禪宗四祖道信、五祖弘忍，都住在黃梅東山，引接學人。

❺累劫之緣：指積累許多劫所結下的緣分。累劫，指累疊眾多的劫量。

般若品第二

本品講述應韋刺史的請益，惠能大師為眾人開示「摩訶般若波羅蜜多」即「大智慧度」的意思，「摩訶」為「大」，「般若」即「智慧」，「波羅蜜」為「到彼岸」，從而闡述了般若智慧的本意。還進一步指出「凡夫即佛，煩惱即菩提」、「前念迷即凡夫，後念悟即佛」、「前念著境即煩惱，後念離境即菩提」的宗趣，即不開悟，佛是眾生，一念開悟，眾生是佛，一切佛法都在人自心之中，要在自心之中當下頓見真如本性。

次日，韋使君請益❶，師陞座，告大眾曰：「總淨心念『摩訶般若波羅蜜多❷』。」復云：「善知識！菩提般若之智，世人本自有之，只緣心迷，不能自悟，須假大善知識，示導見性。當知愚人智人，佛性本無差別，只緣迷悟不同，所以有愚有智。吾今為說摩訶般若波羅蜜法，使汝等各得智慧，志心諦聽，吾為汝說。

「善知識！世人終日口念般若，不識自性般若，猶如說食不飽。口但說空，萬劫不得見性❸，終無有益。

「善知識！摩訶般若波羅蜜是梵語❹，此言大智慧到彼岸。此須心行❺，不在口念。口念心不行，如幻、如化、如露、如電。口念心行，則心口相應。本性是佛，離性無別佛。何名摩訶？摩訶是大，心量廣大，猶如虛空❻，無有邊畔，亦無方圓大小，亦非青黃赤白，亦無上下長短，亦無瞋無喜，無是無非，無善無惡，無有頭尾。諸佛剎土❼，盡同虛空。世人妙性本空，無有一法可得。自性真空❽，亦復如是。

「善知識！莫聞吾說空，便即著空。第一莫著空；若空心靜坐，即著無記空❾。

「善知識！世界虛空，能含萬物色像，日月星宿，山河大地，泉源溪澗，草木叢林，惡人善人，惡法善法，天堂地獄，一切大海，須彌諸山❿，總在空中。世人性空，亦復如是。

「善知識！自性能含萬法是大，萬法在諸人性中。若見一切人惡之與善，盡皆不取不捨，亦不染著，心如虛空，名之為大，故曰『摩訶』。

【譯文】第二天，韋刺史請惠能大師繼續講法，大師於講壇上就座，對大家說：「大家都清淨自心，念誦『摩訶般若波羅蜜多』。」又說：「善知識！菩提般若智慧，世上的人本來都有，只是由於自性蒙昧迷惑，而不能自我開悟，必須借助於極富有智慧的大善知識的開示引導，才能見到自己的本性。我們應該知道愚人和智人，他們的佛性都是沒有差別的，只是由於迷惑和開悟的狀態不同，所以才有了愚智之分。我今天為你們說摩訶般若波羅蜜法，使你們各自都得到智慧，用心仔細傾聽，我來為你們講。

「善知識！世上的人們整天嘴裡念誦般若，尋找智慧，卻沒有認識到自我本性中存在的般若智慧，這就好比嘴裡說各種食物是不能使人肚子飽的。尋求般若智慧如果只是嘴上空說，雖歷經萬劫，也是永遠不能明心見性，終究對學法是沒有增益的。

「善知識！摩訶般若波羅蜜是梵語，意思是大智慧到彼岸。這必須要內心體認，而不是口頭上說。嘴上說而內心不體認，一切將如同夢幻泡影，如露如電，轉瞬即逝全都是空。口中念誦，內心體認，才能心口一致，相互契合。人的清淨本性就是佛，離開自性沒有別的成佛的可能。什麼叫摩訶呢？摩訶是大的意思，人心廣大無限，就像虛空一樣，沒有形質，沒有障礙，沒有邊際，不是方形圓形，沒有大小，沒有青黃赤白之色，也沒有上下長短，沒有瞋怒歡喜，沒有善惡對錯，沒有開端和盡頭等。佛性境界，都等同於虛空。世上之人的本性其體本空，含一切萬法，不捨一切法。所謂自我本性為真空妙有，也是這個道理。

「善知識！不要聽我談論空，便立刻又執著於對空的追求。首先是不要執著於空；如果一味什麼也不想地坐在那裡，雖無善惡分別，但又落入虛妄的無記空了！

「善知識！世界虛空，卻能包含萬事萬物，各種現象：日月星辰，山河大地，泉源溪澗，草木叢林，惡人善人，惡法善法，天堂地獄，所有的大海，須彌山及其周圍的山，都全部含納於虛空之中。世人的自性真空，也是這樣的。

「善知識！能含藏一切萬法，這就是大。萬法存在個人的自性本心之中。如果看到一切人的善和惡，都能夠不生取捨之心，也不被沾染，不起執著，心如同虛空一樣，這樣就稱之為大，所以稱為『摩訶』。

【注釋】

❶ 請益：本為《禮記》、《論語》中的用語，即學人請示老師教誨的意思。佛教中指高僧大德對弟子講法，先有所予，弟子復有所請教，稱之為「請益」。

❷ 摩訶般若波羅蜜多：梵語。摩訶，是「大」的意思。般若，指智慧之意。波羅蜜，即「到彼岸」。全譯為「大智慧度」，意謂乘此大智慧則能由生死苦海渡到涅槃彼岸。

❸ 萬劫：指經歷世界之成壞一萬次，即言時間極長。劫，是指分別世界成壞之時的量名，為古印度

表示時間的最大單位。

❹梵語：又稱「天竺語」，古印度之標準語。古印度人認為自己所說的語言，乃是稟承大梵天王所說而來的，故稱「梵語」。相對於一般民間所用之俗語，梵語又稱「雅語」。

❺心行：心內之作用、活動、狀態、變化，如自心之喜愛、喜好，心之對象，心之作用所及範圍，心之志向、心願、性向、決心等，於心所起之分別意識、妄想、計較等。

❻虛空：「虛」與「空」都是「無」的別名。虛無形質，空無障礙，故名「虛空」。佛教中往往以虛空譬喻廣大無邊，譬喻無變易的常性以及無礙、無分別、容受之義。

❼剎土：指國土。剎，即梵語「差多羅」，意譯為「土田」。

❽真空：真如之理體，遠離一切迷情所見之相，杜絕「有」「空」之相對，故稱「真空」。以其非假，故稱「真」；以其離相，故稱「空」。

❾無記空：於善不善皆不可記別的空。

❿須彌諸山：指須彌山及其外圍的八個山。須彌山意譯作「妙高山」，此山是由金、銀、琉璃、水晶四寶所成，所以稱「妙」，諸山不能與之相比，所以稱「高」。又高有八萬四千由旬，闊有八萬四千由旬，為諸山之王，故得名「妙高」。此山為一小世界的中心，周圍有八山、八海環繞，其外圍的八個山就是持雙、持軸、檐木、善見、馬耳、象鼻、持邊、鐵圍，而形成一世界須彌世界。

「善知識！迷人口說，智者心行。又有迷人，空心靜坐，百無所思，自稱為大。此一輩人，不可與語，為邪見故❶。

「善知識！心量廣大，遍周法界❷。用即了了分明，應用便知一切。一切即一，一即一切，去來自由，心體無滯，即是般若。

「善知識！一切般若智，皆從自性而生，不從外入，莫錯用意，名為真性自用。一真一切真。心量大事❸，不行小道。口莫終日說空，心中不修此行。恰似凡人自稱國王，終不可得，非吾弟子。

「善知識！何名般若？般若者，唐言智慧也❹。一切處所，一切時中，念念不愚，常行智慧，即是般若行。一念愚即般若絕，一念智即般若生。世人愚迷，不見般若。口說般若，心中常愚。常自言我修般若，念念說空，不識真空。般若無形相，智慧心即是，若作如是解，即名般若智。

「何名波羅蜜？此是西國語，唐言到彼岸，解義離生滅。著境生滅起❺，如水有波浪，即名為此岸；離境無生滅，如水常通流，即名為彼岸，故號波羅蜜。

「善知識！迷人口念，當念之時，有妄有非。念念若行，是名真性❻。悟此法者，是般若法，修此行者，是般若行。不修即凡，一念修行，自身等佛。

「善知識！凡夫即佛❼，煩惱即菩提❽。前念迷即凡夫，後念悟即佛。前念著境即煩惱，後念離境即菩提。

【譯文】

「善知識！執迷不悟的人終日口頭空說，智慧開悟的人用心體認。還有一種愚迷蒙昧的人，絕棄思考，死心靜坐，什麼一切都不思考，自己妄稱這就是大。這一種人，不能與他談法，因為他持不正的執見。

「善知識！自性本心廣博浩大，含藏遍布一切對象和常物。其功用便是能使一切清楚明白，運用它便能體認一切。一切都在本心，本心含藏一切，去來自由，無所滯礙，這就是般若之智。

「善知識！一切般若知識，都是從自性中生發出來的，而不是從外在附加進去的。千萬不能體會錯了用心和含意，才能稱為體用真正的自我本性。以此本性真實不虛，則觀一切萬法皆是真實不虛。轉迷開悟的大事，不能用空心靜坐這些小道來獲得。嘴上不要整天說空而心中不修行體認。就好比平頭百姓稱自己為王，但他終究成不了王，這種人不屬於我的弟子。

「善知識！什麼叫做般若？般若，漢語就是智慧的意思。在在處處，時時刻刻，心心念念都不癡迷愚昧，而能常起用智慧觀照，這就是修行般若。任何一個念頭轉入迷愚，般若智慧便立刻滅絕，一個念頭開悟，般若智慧又立刻生起。世上的人愚迷不悟，都無法體認般若智慧。嘴上談論著般若，心中卻時時愚迷不悟。常常自己稱自己在修行般若，但時時都說空且執著於空，而不能識見真空。般若智慧沒有形態相狀，人的智慧之心就是般若，如果做這樣的理解，就是般若智慧。

「什麼是波羅蜜？這是印度語，漢語意思是到彼岸，它的意思就是離生死。執著於外境一切事物現象，就會產生生滅的心念，如同水生起了波浪，這種情形稱為此岸；不執著於外境一切事物現象，就無生滅，如同通流無礙的水一樣自然，這稱為彼岸，所以叫波羅蜜。

「善知識！愚迷不悟的人口中念誦的時候，就產生了妄念和是非之心。如果時時刻刻能夠心行，就稱為不妄不變的真性。悟到的這個法就是般若法，修這個法的就是般若行。不修就是凡夫俗子，一念修行，自身就與佛等同無異。

「善知識！凡夫俗子就是佛，煩惱就是菩提，二者本無差別。前一念癡迷愚昧則就是凡夫，後一念轉迷得悟則當下就是佛。前一念執著於外境則就是煩惱，後一念超離外境則當下是佛。

【注釋】

❶ 邪見：指不正之執見。凡是不合正法的外道之見都可叫做「邪見」。

❷ 法界：為「十八界」之一。廣義泛指有為、無為之一切諸法，稱為「法界」。法界又稱「法性」、「實相」。法界之義有多種，以二義釋之：一就事，一約理。就事而言，法者諸法也，界者分界也。諸法各有自體，而分界不同故名「法界」。約理而言，法相華嚴之釋意，指真如之理

性而謂之法界。或謂之真如法性、實相、實際，其體一也。

❸心量大事：指開發真如心量，是轉迷開悟的大事。心量，指心起妄想，對外境起種種度量。大事，指轉迷開悟之事。

❹唐言：就是指漢語。

❺著境生滅起：指由於人們追求一切外在的現象，產生了行為、語言、思想方面的「錯誤」行動，繼而引起生死輪迴。境，指人的感覺和思維器官所感知和認識的對象，泛指一切認知對象。

❻真性：不妄不變之真實本性，乃人本具之心體。佛教主張人所具之真性與佛菩薩之真性本無二致。不妄叫「真」，不變叫「性」。

❼凡夫：略稱「凡」，指凡庸之人，迷惑事理和流轉生死的平常人。就修行階位而言，則未見四諦之理而凡庸淺識者，均稱「凡夫」。

❽煩惱：又作「惑」。煩是擾義，惱是亂義，擾亂有情故名「煩惱」，使有情之身心發生惱、亂、煩、惑、污等精神作用之總稱。一般以「貪、瞋、癡」三惑為一切煩惱之根源。

「善知識！摩訶般若波羅蜜，最尊最上最第一，無住無往亦無來❶，三世諸佛從中出❷。當用大智慧，打破五蘊煩惱塵勞❸，如此修行，定成佛道，變三毒為戒定慧❹。

「善知識！我此法門❺，從一般若生八萬四千智慧。何以故？為世人有八萬四千塵勞。若無塵勞，智慧常現，不離自性。悟此法者，即是無念❻。無憶無著，不起誑妄，用自真如性❼，以智慧觀照，於一切法，不取不捨，即是見性成佛道。

「善知識！若欲入甚深法界及般若三昧者❽，須修般若行，持誦《金剛般若經》，即得見性。

【譯文】

「善知識！摩訶般若波羅蜜，最尊貴，最至上，最第一位，它隨緣而起，無來無往。過去世、現在世、未來世，三世諸佛，都是從這裡產生的。應當運用這個大智慧，破斥消除人的煩惱，這樣來修行，一定能成就佛道，將貪、瞋、癡三毒轉化為戒、定、慧三學。

「善知識！我這個法門，能由這個無上般若智慧生出八萬四千智慧。這是什麼原因呢？由於世上的人原本有八萬四千煩惱。如果沒有煩惱，智慧時常顯現，就不離自我本性。悟到了這個法門，就是正念。不迷戀，不執著，不產生狂妄之心，運用自己本具佛性，以智慧審視觀察，對於一切事物現象，不執著不捨棄，就是明心見性，成就佛道。

「善知識！如果要想深入研究佛法和般若三昧，必須修行般若，奉持念誦《金剛般若波羅蜜經》，就能明白本心，體見本性。

【注釋】

❶無住：指無固定之實體；或指心不執著於一定對象，不失其自由無礙之作用者，又稱「不住」。法無自性，無自性故，無所住著，隨緣而生。住，意為住著之所。

❷三世諸佛：三世為過去世、現在世、未來世，三世諸佛即過去、現在、未來等三世之眾多諸佛，統稱「全宇宙中之諸佛」。又作「一切諸佛」、「十方佛」、「三世佛」。在佛教成立的當時，釋迦牟尼佛稱為「現在佛」，在釋迦牟尼佛以前的一切佛稱為「過去佛」，在釋迦牟尼佛以後成佛的稱為「未來佛」。統指出現於三世的一切佛。

❸塵勞：為「煩惱」的異稱。貪瞋等煩惱，能染污心，猶如塵垢能使身心勞憊，謂為「塵勞」。

❹三毒：指「貪、瞋、癡」三種煩惱。貪是貪愛五欲，瞋是瞋恚無忍，癡是愚癡無明，一切煩惱本通稱為「毒」，然此三種煩惱，係毒害眾生出世善心中之最甚者，故特稱「三毒」。為根本煩惱之首。貪毒引取無厭之心，瞋毒引起恚忿之心，癡毒引起迷暗之心。

❺法門：即佛法、教法。佛所說，而作為世間之準則者，稱為「法」；此法既為眾聖入道的通處，又為如來聖者遊履之處，故稱為「門」。

❻無念：即無妄念之意，「正念」的異名，指意識沒有存有世俗的憶想分別，而符合真如之念。

❼真如：真實而永遠不變者，故稱之為「真如」。真，真實不虛妄之意。如，不變其性之意，即指遍布於宇宙中真實的本體，為一切萬有之根源。又作「如如」、「如實」、「法界」、「法

性」、「實際」、「實相」、「如來藏」、「法身」、「佛性」、「自性清淨身」、「一心」、「不思議界」。

❽般若三昧：得到智慧的正定功夫。

「當知此經功德❶，無量無邊。經中分明讚歎，莫能具說。此法門是最上乘，為大智人說，為上根人說。小根小智人聞，心生不信。何以故？譬如天龍下雨於閻浮提❷，城邑聚落，悉皆漂流，如漂棗葉。若雨大海，不增不減。若大乘人，若最上乘人，聞說《金剛經》，心開悟解，故知本性自有般若之智，自用智慧，常觀照故，不假文字。譬如雨水，不從天有，元是龍能興致，令一切眾生、一切草木、有情無情，悉皆蒙潤。百川眾流，卻入大海，合為一體。眾生本性般若之智，亦復如是。

「善知識！小根之人，聞此頓教，猶如草木根性小者，若被大雨，悉皆自倒，不能增長。小根之人，亦復如是。元有般若之智，與大智人更無差別，因何聞法不自開悟？緣邪見障重❸，煩惱根深，猶如大雲覆蓋於日，不得風吹，日光不現。般若之智亦無大小，為一切眾生自心迷悟不同。迷心外見，修行覓佛，未悟自性，即是小根；若開悟頓教，不執外修，但於自心常起正見，煩惱塵勞，常不能染，即是見性。

「善知識！內外不住，去來自由，能除執心，通達無礙。能修此行，與《般若經》本無差別❹。

「善知識！一切修多羅及諸文字❺，大小二乘❻，十二部經❼，皆因人置，因智慧性，方能建立。若無世人，一切萬法本自不有。故知萬法本自人與，一切經書，因人說有。緣其人中有愚有智，愚為小人，智為大人。愚者問於智人，智者與愚人說法，愚人忽然悟解心開，即與智人無別。

【譯文】

「要知道這部經的功德，是無量無邊的。經中有對此讚歎的內容，說得明明白白，這裡不再一一細說。這個法門是最上乘的，是專為有大智慧的人說的，是為上等根器的人說的。小根器稟性、小智慧的人聽了，心中反會生出不信。這是什麼緣故呢？比如天龍降大雨在我們居住的這個世界，城池村落，全部會被雨水沖垮，如同樹葉一般隨波漂流。如果大雨是落在大海之中，則大海不會有絲毫增減損益。像大乘根器的人，像最上乘根器的人，聽到《金剛經》就會開悟。所以我們知道本性中原本就含有般若智慧，自己運用智慧，時常審視觀察，遍照明了一切，不需要借助任何文字。好比雨水，並不是天上本有才下落於世，而是龍能興雲致雨，使一切眾生，一切草木，有情和無情，都蒙受潤澤。一切河流，都歸大海，合為一個整體。眾生本性的般若智慧，也是這樣。

「善知識！小根器稟性的人；聽說了頓教教法，如同根淺枝弱的草木，一旦被大雨沖刷，全部自己倒伏在地，不能再生長了。小根器的人也是如此，原本具有般若智慧，與大根器大智慧的人，別無二樣，為什麼聽說佛法卻不能自己開悟呢？只因為錯誤的見解障礙深重，煩惱根植於心中太深，好像濃重的烏雲遮蔽了太陽，又得不到風的吹動，陽光無法顯現出來。般若智慧也是沒有大小之分的，只是因為一切眾生自己心中迷障和開悟的程度不一樣。愚迷的人只見心外，向外求法，苦覓佛道，沒有悟得自我本性，這就是小根器小稟性的人。如果頓悟法門，不用心外修行，只要自我本心中時常升起正確見地，一切煩惱不能浸染，這就是認識自我本性。

「善知識！對內境和外境都不能執著，來去自由，能夠去除執著之心，就能通達而無阻礙。能夠如此修行，所達到的境界就和《般若經》所說的無差別。

「善知識！一切經典和文字，大乘小乘經典，十二部經，都是因為人而設置的，因為人本自具有智慧之性，所以佛法能夠建立。如果沒有世人，一切事物和現象原本也都不能呈現。由此可知一切事物現象原本是由人所興現的，一切經文佛典，因人講說而存在，為人而設的。由於世界上的人中有愚迷的，也有智慧的，愚迷的是小根器的人，智慧的是大根器的人。愚迷的人向智慧的人請教，智慧的人給愚迷的人說法，愚迷的人忽然開解得悟，隨即他的境界就與智慧的人沒有差別了。

【注釋】

❶功德：意指功能福德，亦謂行善所獲的果報。德，得也。

❷閻浮提：原本係指印度之地，後則泛指人間世界，就是我們現在所住的娑婆世界。閻浮，是樹的名稱。提，是洲的意思。

❸障：又作「礙」，全稱「障礙」、「覆蔽」的意思，指障害涅槃、菩提，遮害出離的煩惱，是「煩惱」的異名。

❹《般若經》：說般若波羅蜜之理的經典總名。舊譯「般若波羅蜜經」，新譯為「般若波羅蜜多經」，有數十部。

❺修多羅：指佛教經典。

❻大小二乘：一曰大乘，二曰小乘。大乘乃大人之乘，小乘者，小人之乘。大乘是菩薩的法門，以救世利他為宗旨；小乘是聲聞、緣覺的法門，以修身自利為宗旨。若從經藏裡的經本分之，四阿含等羅漢系經典為小乘，華嚴等菩薩系經典為大乘。

❼十二部經：乃佛陀所說法，依其敘述形式與內容分成之十二種類，又作「十二分教」、「十二分聖教」、「十二分經」，乃指佛經體例上的十二種類別。在中國佛教中，十二部經泛指一切佛典。

「善知識！不悟即佛是眾生；一念悟時，眾生是佛。故知萬法盡在自心，何不從自心中，頓見真如本性？

「《菩薩戒經》云❶：『我本元自性清淨，若識自心見性，皆成佛道。』《淨名經》云❷：『即時豁然，還得本心。』

「善知識！我於忍和尚處，一聞言下便悟，頓見真如本性。是以將此教法流行，令學道者頓悟菩提，各自觀心，自見本性。若自不悟，須覓大善知識，解最上乘法者❸，直示正路。是善知識有大因緣❹，所謂化導令得見性。一切善法❺，因善知識能發起故。三世諸佛，十二部經，在人性中本自具有，不能自悟，須求善知識，指示方見。若自悟者，不假外求。若一向執謂須他善知識方得解脫者，無有是處。何以故？自心內有知識自悟。若起邪迷，妄念顛倒❻，外善知識雖有教授，救不可得。若起正真般若觀照，一剎那間，妄念俱滅。若識自性，一悟即至佛地❼。

「善知識！智慧觀照，內外明徹，識自本心。若識本心，即本解脫。若得解脫，即是般若三昧，即是無念。何名無念？若見一切法，心不染著，是為無念。用即遍一切處，亦不著一切處。但淨本心，使六識出六門❽，於六塵中無染無雜❾，來去自由，通用無滯，即是般若三昧，自在解脫，名無念行。若百物不思，當令念絕，即是法縛，即名邊見❿。

【譯文】

「善知識！不得開悟時，佛就是眾生；一念得悟時，眾生都是佛。由此可知，一切都存在於自我本心之中，為什麼不從自我本心中當下得悟識見真如本心呢？

「《菩薩戒經》中說：『自己的本性原來就是清淨的，如果識見本心，明見心性，都能成就佛道。』《淨名經》說：『當下豁然開悟，就能夠得以識見本心。』

「善知識！我在弘忍大和尚那裡，一聽到佛法便開悟，頓悟識見真如本性。故而我將這頓教教法流布行化，讓學道的人都開悟頓見佛法的無上智慧，各自觀照本心，識見本性。如果自己不能開悟，必須找尋大的善知識，找尋能理解最上乘佛法的人，直接指示正確的開悟之路。作為善知識，他們都與佛法有很大的因緣，通過所謂的教化和引導，令人得見自我本性。一切正確的道理，都是由於善知識們發起流布的。過去、現在和未來的一切佛，十二部經，在人的本性中是本來具備的，如果不能自我開悟，必須求助於善知識，通過他們的指導開示識見本心。如果能夠自我開悟，是不須求助於外力的。如果總是執著，聲稱必須依賴別的善知識，才能得到解脫，這樣一點不正確。這是什麼緣故？是因為自己心中原本具足一切智慧。如果自我生起邪見愚迷，被虛妄心念顛倒，外在的善知識儘管有所教導指授，也不可能救得了你。如果生起真正的般若智慧進行觀照，瞬間剎那，虛妄心念全部寂滅。如果識見自我本性，一下開悟便達到佛的境地。

「善知識！運用智慧觀察映照，心內心外通明透徹，識見自我本心。如果識見自我本心，就是根本解脫。如果得到解脫，就是般若三昧，就是無念。什麼叫做無念？如果識見一切事物現象，本心不執著、不被染污，就叫做無念。運用時能遍及一切地方處所，又不執著於任何一處。只要使本心清淨無染，使眼識、耳識、鼻識、舌識、身識、意識六識從眼、耳、鼻、舌、身、意六門中空去，在色、聲、香、味、觸、法六塵中不被浸染，不被擾雜，來去自由，運用通達無所滯礙，就是般若三昧，就是解脫得大自在，稱之為無念修行。如果任何事物都不思慮，一任心念絕滅，又是執著於法，為法所縛了，這叫做偏於一邊的惡見，落於片面了。

【注釋】

❶《菩薩戒經》：佛教戒律書。姚秦鳩摩羅什譯《梵網經・菩薩心地戒品第十》，此經主要講述大乘佛教的「十重戒」和「四十八輕戒」。

❷《淨名經》：《維摩詰經》的通稱和異名。玄奘將《維摩詰經》譯為「無垢稱經」，玄奘以後則皆以《淨名經》稱之。

❸解最上乘法者：指懂得禪宗教義的人。

❹因緣：為「因」與「緣」之並稱。因，指引生結果之直接內在原因。緣，指由外來相助之間接原因。凡一事一物之生，本身的因素叫做「因」，旁助的因素叫做「緣」。例如稻穀，種子為因，泥土、雨露、空氣、陽光、肥料等為緣，由此種種因緣和合而穀子得以生長。

❺善法：為「惡法」之對稱，指合乎於善的一切道理，即指五戒、十善、三學、六度。

❻妄念：指虛妄的心念，即無明或迷妄的執念。因凡夫之迷心不知一切法的真實義，遍計構畫顛倒而產生錯誤的思考。據《大乘起信論》載，妄念能攪動平等之真如海，而現出萬象差別之波浪，若能遠離，則得入覺悟之境界。

❼佛地：通教十地之第十位。謂第九地之菩薩最後頓斷煩惱所知二障之習氣而成道之位也，即達到成佛的地位。

❽六識：指眼、耳、鼻、舌、身、意等六種認識作用，即以眼、耳、鼻、舌、身、意等六根為依，對色（顯色與形色）、聲、香、味、觸、法（概念及直感的對象）等六境，產生見、聞、嗅、味、觸、知等了別作用的眼識、耳識、鼻識、舌識、身識、意識等。識、境、根三者必須同時存在。六門：眼、耳、鼻、舌、身、意六根也叫「六門」。

❾六塵：指色塵、聲塵、香塵、味塵、觸塵、法塵等六境，又作「外塵」、「六賊」。眾生以「六識」緣「六境」而遍污「六根」，能昏昧真性，故稱為「塵」。此六塵在心之外，故稱「外塵」。此六塵猶如盜賊，能劫奪一切善法，故稱「六賊」。

❿邊見：「五見」之一。偏於一邊、不合中道、執斷執常的見解名為「邊見」。

位。

「善知識！悟無念法者，萬法盡通；悟無念法者，見諸佛境界；悟無念法者，至佛地位。

「善知識！後代得吾法者，將此頓教法門，於同見同行，發願受持❶，如事佛故，終身而不退者，定入聖位❷。然須傳授從上以來默傳分付❸，不得匿其正法。若不同見同行，在別法中，不得傳付，損彼前人，究竟無益。恐愚人不解，謗此法門，百劫千生，斷佛種性❹。

「善知識！吾有一無相頌❺，各須誦取。在家出家，但依此修。若不自修，惟記吾言，亦無有益。聽吾頌。」曰：

說通及心通，如日處虛空；
唯傳見性法，出世破邪宗。
法即無頓漸，迷悟有遲疾；
只此見性門，愚人不可悉。
說即雖萬般，合理還歸一；
煩惱暗宅中，常須生慧日。
邪來煩惱至，正來煩惱除；
邪正俱不用，清淨至無餘。
菩提本自性，起心即是妄；

淨心在妄中，但正無三障❻。
世人若修道，一切盡不妨；
常自見己過，與道即相當。
色類自有道❼，各不相妨惱；
離道別覓道，終身不見道。
波波度一生，到頭還自懊；
欲得見真道，行正即是道。
自若無道心，暗行不見道；
若真修道人，不見世間過。
若見他人非，自非卻是左；
他非我不非，我非自有過。
但自卻非心，打除煩惱破；
憎愛不關心，長伸兩腳臥。
欲擬化他人，自須有方便；
勿令彼有疑，即是自性現。
佛法在世間，不離世間覺；

離世覓菩提，恰如求兔角。
正見名出世，邪見是世間；
邪正盡打卻，菩提性宛然。
此頌是頓教，亦名大法船；
迷聞經累劫，悟則剎那間。

師復曰：「今於大梵寺說此頓教，普願法界眾生言下見性成佛。」時韋使君與官僚、道俗聞師所說，無不省悟。一時作禮，皆歎：「善哉！何期嶺南有佛出世！」

【譯文】

「善知識！領悟了無念法門的人，就通達了一切法；領悟了無念法門的人，就識見佛的境界；領悟了無念法門的人，就達到了佛的果位。

「善知識！後代得到我所授法門的人，需要將這頓教法門，和與他見地相同、立志同修的人，一起發起誓願領受護持，如同奉禮敬佛一樣，一生不消退信力，因這個緣故，必定能達到佛的聖位。然而必須傳付指授從佛祖以來的以心傳心的默傳教法，不得隱匿宗門正法。如果不與見地相同、行法相同的人一起同修，在信奉外教的人之中，不可傳法付囑，這樣對先聖前賢有損，終究是沒有好處的。因為愚昧癡妄的人不能理解，反會誹謗這個法門，這樣的人就會百劫千生永遠斷了佛性的種子，不能成佛了。

「善知識！我有一個無相頌，大家各自都要念誦記取。無論在家居士還是出家僧人，須依照這個頌去修。如果自己不依此修行，僅僅是記住我的話，也是沒有用處的。諸位聽我的頌。」頌詞說：

說通及心通，如日處虛空；
唯傳見性法，出世破邪宗。
法即無頓漸，迷悟有遲疾；
只此見性門，愚人不可悉。
說即雖萬般，合理還歸一；
煩惱暗宅中，常須生慧日。
邪來煩惱至，正來煩惱除；
邪正俱不用，清淨至無餘。
菩提本自性，起心即是妄；
淨心在妄中，但正無三障。
世人若修道，一切盡不妨；
常自見己過，與道即相當。
色類自有道，各不相妨惱；

離道別覓道，終身不見道。
波波度一生，到頭還自懊；
欲得見真道，行正即是道。
自若無道心，暗行不見道；
若真修道人，不見世間過。
若見他人非，自非卻是左；
他非我不非，我非自有過。
但自卻非心，打除煩惱破；
憎愛不關心，長伸兩腳臥。
欲擬化他人，自須有方便；
勿令破有疑，即是自性現。
佛法在世間，不離世間覺；
離世覓菩提，恰如求兔角。
正見名出世，邪見是世間；
邪正盡打卻，菩提性宛然。
此頌是頓教，亦名大法船；

迷聞經累劫，悟則剎那間。

大師又說：「今天在大梵寺所說的這個頓教教法，衷心願望普天下的眾生聽聞之後能明心見性，成就佛道。」當時韋刺史與官員們、僧人和在家俗眾聽了大師所講，沒有不覺悟明白的。當時都向惠能大師行禮致敬，都感嘆道：「太好了！誰料想嶺南這個地方有真佛出現了！」

【注釋】

❶ 發願：又作「發大願」、「發願心」、「發志願」、「發無上願」，發起誓願的意思。受持：指受者以信力領受於心，持者以念力憶而不忘。

❷ 聖位：三乘人證得菩提之果位，指斷盡見惑之初果聖者。

❸ 默傳：即「默傳心印」。於禪宗，師家教導弟子不以言語或文字直言明示，而以心傳心，令其自悟佛法奧義，見性成佛。默，指知解，並非是「絕無一言」。

❹ 斷佛種性：斷絕佛性，永遠不能成佛。

❺ 無相：為「有相」的對稱，即無形相的意思。於一切相，離一切相，即是無相。因為涅槃超離一切虛妄之相，所以「無相」也是「涅槃」的別名。

❻ 三障：三種障礙，又作「三重障」，指障礙聖道之煩惱障、業障、異熟障（果報障）。

❼ 色類：有各種物質形體的眾生，一般指世間的一切人。

疑問品第三

本品通過韋刺史的疑問，闡述了何為「功德」，「見性是功，平等是德」、「內心謙下是功，外行於禮是德」、「不離自性是功，應用無染是德」等，指明了懷有世俗功利目的的行為和舉措，即使規模再大，也非解脫層面的真功德，而是一種執著攀緣的求福行為。「功德須自性內見，不是布施供養之所求也」。針對韋刺史對於念佛往生西方極樂世界的疑問，惠能大師反問其「東方人造罪，念佛求生西方；西方人造罪，念佛求生何方」？強調心中自有淨土，心淨則佛土淨。接著通過譬喻和進一步的解說使得眾生體悟到佛向性中作，莫向身外求，成佛的唯一方法就是見性，念念見性則西方就在眼前。

一日，韋刺史為師設大會齋❶。齋訖，刺史請師升座，同官僚士庶肅容再拜❷，問曰：「弟子聞和尚說法，實不可思議。今有少疑，願大慈悲，特為解說。」

師曰：「有疑即問，吾當為說。」

韋公曰：「和尚所說，可不是達磨大師宗旨乎？」

師曰：「是。」

公曰：「弟子聞達磨初化梁武帝❸，帝問云：『朕一生造寺度僧，布施設齋❹，有何功德？』達磨言：『實無功德。』弟子未達此理，願和尚為說。」

師曰：「實無功德，勿疑先聖之言。武帝心邪，不知正法。造寺度僧，布施設齋，名為求福，不可將福便為功德。功德在法身中，不在修福。」

師又曰：「見性是功，平等是德。念念無滯，常見本性，真實妙用，名為功德。內心謙下是功，外行於禮是德。自性建立萬法是功，心體離念是德。不離自性是功，應用無染是德。若覓功德法身，但依此作，是真功德。若修功德之人，心即不輕，常行普敬。心常輕人，吾我不斷，即自無功。自性虛妄不實，即自無德。為吾我自大，常輕一切故。善知識！念念無間是功，心行平直是德。自修性是功，自修身是德。善知識！功德須自性內見，不是布施供養之所求也，是以福德與功德別。武帝不識真理，非我祖師有過。」

【譯文】

一天，韋刺史為惠能大師舉行大法會兼施齋飯。齋飯完畢後，刺史請大師登上講壇開講，自己同其他官員及廣大信眾，整肅儀容，兩次莊重行禮致敬，問道：「弟子聽大師說法，實在微妙，令人無法心思口議。現在還有一點疑問，希望大師慈悲為懷，特地為我解說開示。」

惠能大師說：「有疑惑就問吧，我自會給你解說。」

韋刺史說：「請問大師您所說的是達磨大師的宗旨嗎？」

惠能大師回答：「是的。」

韋刺史說：「弟子聽說，達磨大師最初度化梁武帝，武帝問：『我一生中建造寺廟，敕度僧人，布施捨予，廣設齋會，這有什麼樣的功德？』達磨說：『實在是沒什麼功德。』弟子我不能理解這個道理，希望大師為我解說。」

惠能大師說：「實在是沒什麼功德的，請不要懷疑先聖前賢的話。梁武帝心中生起邪見，不能理解正法。建造寺廟，敕度僧人，布施捨予，廣設齋會，這個叫做求獲福報，卻不可以把求福認為是功德。身具一切佛法，功德自存其中，而不在於行善求獲福報。」

惠能大師又說：「明心見性就是功，平等無二就是德。每一剎那都無所滯礙，時常照見本心自性，真實不虛，發揮妙用，這就是功德。內心謙虛處下就是功，外行合乎於理就是德。自我本性合藏萬法就是功，自心本體超離俗念妄想就是德。不離開自心本性是功，運用自心本性而無所浸染是德。

如果尋求功德的本性，只要依照這些來做，就是真正的功德。如果是修功德的人，心中就不會產生輕視，而始終奉行廣泛的敬心。心中時常輕視他人，自我的執見不能斷滅，就自然是沒有功的。自我心性如果虛妄不真實，就自然是沒有德的。是因為一貫以自我為大，我執太重，時常輕視一切的緣故。善知識！時時刻刻，念念之間無有中斷就是功，依平常心順直而行就是德。自我修行本性是功，自我修行身行是德。善知識！功德必須在自心本性中識見，而不是通過布施捨予，供養奉侍來求得的，所以福德與功德是有區別的。梁武帝正是不能認識到這個真理，這並非是達磨祖師言行有錯誤。」

【注釋】

❶ 大會齋：在大法會中兼用齋飯。

❷ 士庶：士族和庶族。這裡指廣大信眾。

❸ 梁武帝（四六四—五四九）：南朝蘭陵人，姓蕭名衍，字叔達。在位期間，篤信佛教，有「皇帝菩薩」之稱。天監十八年（五一九）從鍾山草堂寺慧約受菩薩戒；當時名僧僧伽婆羅、法寵、僧遷、僧旻、法雲、慧超、明徹等，皆受其禮敬，並在首都建康建了大寺七百餘所，僧尼講眾常聚萬人。武帝一生精研佛教教理，固持戒律，四次捨身同泰寺，自講涅槃、般若、三慧等經；著有《涅槃經》、《大品經》、《淨名經》、《三慧經》等之義記數百卷。後因侯景起兵反叛，攻陷建康，於太清三年（五四九）餓死於臺城。在位四十八年，世壽八十六。

❹布施：即以慈悲心而施福利於人的意思。為「六波羅蜜」之一，再加上法施、無畏施二者，擴大布施之意義。亦即指施予他人以財物、體力、智慧等，為他人造福成智而求得累積功德，以致解脫的一種修行方法。

刺史又問曰：「弟子常見僧俗，念阿彌陀佛❶，願生西方❷。請和尚說，得生彼否？願為破疑！」

師言：「使君善聽，惠能與說。世尊在舍衛城中，說西方引化，經文分明，去此不遠。若論相說里數，有十萬八千，即身中十惡八邪❸，便是說遠。說遠為其下根，說近為其上智。「人有兩種，法無兩般，迷悟有殊，見有遲疾。迷人念佛求生於彼；悟人自淨其心。所以佛言：『隨其心淨即佛土淨❹。』

「使君東方人，但心淨即無罪。雖西方人，心不淨亦有愆❺。東方人造罪，念佛求生西方；西方人造罪，念佛求生何國？

「凡愚不了自性，不識身中淨土，願東願西；悟人在處一般。所以佛言：隨所住處恆安樂。使君心地但無不善，西方去此不遙。若懷不善之心，念佛往生難到❻。今勸善知識，先除十惡，即行十萬；後除八邪，乃過八千。念念見性，常行平直，到如彈指，便覩彌陀❼。」

【譯文】

韋刺史又問：「弟子常常看到出家人和在家人，口中念誦阿彌陀佛名號，希望往生西方。請大師講講，能夠往生到那裡嗎？希望大師為我們破斥疑惑。」

大師說：「韋刺史好好聽著，我向你解說。釋迦牟尼當年在舍衛城裡，說到接引度化到西方極樂世界時，經文中說得清楚明白，西方極樂世界離現世並不遙遠。但如果論相狀來說里數，則有十萬八千里之遠，若從自性上說，就是身心中有十惡八邪的障礙，所以說遙遠不可及。說它遠是針對根器下等的人而言，說近則針對的是具有上等智慧的人。

「人固然有這兩種之分，但佛法卻沒有這樣的兩種分別，只是因為愚迷和開悟的不同，所以識見本心就有快慢之別。愚迷的人稱名念佛，祈求往生西方極樂；開悟的人則自我清淨本心。所以佛說：『自我本心清淨，也就是佛土清淨。』

「韋刺史你是東方人，只要自心清淨便沒有罪業。儘管是西方人，若自心不清淨也是有罪業的。東方人造罪業，還可以稱名念佛祈求往生西方；西方人若造罪業，稱名念佛又求往哪一方呢？

「凡夫愚迷不能了達自我本性，不能識見自身中存有淨土，希望往生東方、往生西方；而了悟的人，在哪裡都一樣，別無二致。所以佛說：依隨你所在的地方而保持恆久安樂。韋刺史心中只要沒有不善之念，西方極樂世界就離此並不遙遠。如果心中懷有不善之念，即使稱名念佛也無法往生西方極樂。現在我奉勸諸位善知識，先消除十惡，那麼你就已經行了十萬里；再除去八邪，你就又過了八千里。時時刻刻明見本性，如常直了修行，到西方極樂世界便容易得有如彈指一揮間，便能夠親見阿彌陀佛。」

【注釋】

❶阿彌陀佛：意譯「無量」。為西方極樂世界的教主。此佛光明無量、壽命無量，故稱「阿彌陀佛」。

❷西方：又稱「西方極樂淨土」，略稱「西方」，即阿彌陀佛之極樂淨土，指西方極樂世界。

❸十惡：即一、殺生；二、偷盜；三、邪淫；四、妄語；五、兩舌，即說離間語、破語；六、惡口，即惡語、惡罵；七、綺語，即雜穢語、非應語、散語、無義語。乃從染心所發者；八、貪欲，即貪愛、貪取、慳貪；九、瞋恚；十、愚癡。八邪：即反於「八正道」者。一邪見、二邪思惟、三邪語、四邪業、五邪命、六邪方便、七邪念、八邪定。

❹隨其心淨即佛土淨：出自《維摩詰經・佛國品》，只要心地清淨便是佛國淨土。

❺愆：罪過。

❻往生：往彌陀如來的極樂淨土，謂之「往」，化生於彼土蓮花中，謂之「生」。謂命終時生於他方世界。通常又以「往生」為「死」之代用詞。

❼便覩彌陀：是往生西方極樂世界的象徵。

「使君但行十善❶，何須更願往生？不斷十惡之心，何佛即來迎請？若悟無生頓法，見西方只在剎那；不悟念佛求生，路遙如何得達？惠能與諸人移西方於剎那間，目前便見，各願見否？」

眾皆頂禮云❷：「若此處見，何須更願往生？願和尚慈悲，便現西方，普令得見。」

師言：「大眾！世人自色身是城❸，眼耳鼻舌是門。外有五門，內有意門。心是地，性是王。王居心地上，性在王在，性去王無。性在身心存，性去身心壞。佛向性中作，莫向身外求。

「自性迷即是眾生，自性覺即是佛。慈悲即是觀音，喜捨名為勢至。能淨即釋迦，平直即彌陀。

「人我是須彌❹，邪心是海水，煩惱是波浪，毒害是惡龍，虛妄是鬼神，塵勞是魚鱉，貪瞋是地獄❺，愚癡是畜生。

「善知識！常行十善，天堂便至❻；除人我，須彌倒；去邪心，海水竭；煩惱無，波浪滅；毒害除，魚龍絕。自心地上覺性如來，放大光明，外照六門清淨，能破六欲諸天❼。自性內照，三毒即除，地獄等罪，一時銷滅，內外明徹，不異西方。不作此修，如何到彼？」

大眾聞說，了然見性。悉皆禮拜，俱歎善哉！唱言：「普願法界眾生，聞者一時悟解。」

【譯文】

惠能大師繼續說道：「韋刺史只要奉行十善，又何必要再去往生西方極樂世界呢？如果不斷滅十惡之心，又有什麼佛來迎請接引你往生西方呢？如果悟了沒有生滅的頓教教法，親見西方極樂世界，只不過是瞬間就能達到的；不能開悟而稱名念佛，但求往生，路有十萬八千里之遠，又如何能達到呢？我能給諸位在一瞬之間搬來西方極樂世界，眼下便能看到。各位是否希望看到？」

眾人都向大師行大禮，說：「如果在這裡能見，哪還需要再發願往生西方呢？希望大師慈悲為懷，立刻就顯現出西方來，讓大家都得以看到。」

惠能大師說：「各位，世上的人的肉身就如同一座城池，眼睛耳朵鼻子舌頭等好像是城門。外面有五個門，裡面還有一個意念門。自心好比土地，自性好比帝王。帝王居於自心這塊土地上，自性在，帝王在，自性無，帝王無。自性存在，身心存在；自性缺失，身心大壞。作佛要向自性中去求得，切不要向身外去求索。

「自我本性愚迷時，佛也是眾生；自我本性覺悟時，眾生就是佛。能以慈悲為懷，當下就成觀音；能樂於施捨，現在就是大勢至菩薩。能自性清淨就是釋迦牟尼，能平等直了就是阿彌陀佛。

「有人我二執時，障礙升起如同須彌山，邪見心念如同無盡大海，煩惱生起就如同波浪湧動，歹毒害人之心像凶猛的惡龍，虛假妄念如同鬼魅，在塵勞中奔波如同魚鱉，心存貪欲瞋怒就是身陷地獄，愚昧無知就墮入了畜生道。

「善知識！時常奉行十善，天堂便在眼前；拔除人我之執，須彌障礙轟然倒塌；去除貪心，欲念之海頓然枯竭；煩惱不生如同波浪不興；心中毒害之心消除如同惡龍魚鱉盡絕。自性心地上覺悟如來佛性，放大光明，生大智慧，將外在的眼、耳、鼻、舌、身、意六門照耀清淨，把欲界的六重天全部照破。自我本性向內映照，貪、瞋、癡三毒當即滅除，應該墮入地獄受苦的罪業也頃刻除盡，內外通明透徹，就與西方極樂世界沒有差別。不這樣修行，怎麼能到達彼岸的西方極樂世界？」

大家聽了惠能大師所說，立刻識見本性。向大師禮敬致拜，都感嘆、稱讚，高聲唱誦道：「但願普天下聽到此法的眾生，立刻都能開悟。」

【注釋】

❶十善：即「十善業」，乃身口意三業中所行之十種善行為。反之，身口意所行之十種惡行為，稱為「十惡」；遠離十惡，不犯十惡，則謂之「十善」。

❷頂禮：即兩膝、兩肘及頭著地，以頭頂敬禮，承接所禮者雙足。向佛像行禮，舒二掌過額、承空，以示接佛足。又叫做「頭頂禮敬」、「頭面禮足」、「頭面禮」。其義同於「五體投地」、「接足禮」。印度最上之敬禮，以我所高者為頂，彼所卑者為足；以我所尊，敬彼所卑者。

❸色身：指有形質之身，即肉身。由四大等色法所組成的肉身。反之，無形者稱為「法身」，或「智身」。

❹人我是須彌：佛教認為世人由於自我的「我執」、「法執」造下了須彌山一般高的罪業，「人我是須彌」就是人我之執猶如高山障礙的正道。

❺地獄：譯為「不樂」、「可厭」、「苦具」、「苦器」、「無有」等，「六道」中最苦的地方。其依處在地下，因謂之地獄。凡所處的地方，只有苦受而沒有喜樂的環境，皆可比喻為地獄。

❻天堂：又作「天宮」，與「地獄」對稱。指天眾所住的天上宮殿，即善人死後，依其善業所至受福樂的處所。凡所處的地方，能有隨心享樂的環境，皆可比喻為天堂。

❼六欲諸天：欲界有六重天，謂之「六欲天」：一、四王天（有持國、廣目、增長、多聞四王，故名「四王天」）；二、忉利天（又作三十三天）；三、焰摩天（又作「夜摩天」）；四、兜率天；五、化自在天（又作「樂變化天」）；六、他化自在天。

師言：「善知識！若欲修行，在家亦得，不由在寺。在家能行，如東方人心善；在寺不修，如西方人心惡。但心清淨，即是自性西方。」

韋公又問：「在家如何修行？願為教授！」

師言：「吾與大眾說〈無相頌〉，但依此修，常與吾同處無別。若不依此修，剃髮出家，於道何益？」頌曰：

心平何勞持戒❶？行直何用修禪？
恩則孝養父母，義則上下相憐。
讓則尊卑和睦，忍則眾惡無喧。
若能鑽木出火，淤泥定生紅蓮。
苦口的是良藥，逆耳必是忠言。
改過必生智慧，護短心內非賢。
日用常行饒益❷，成道非由施錢。
菩提只向心覓，何勞向外求玄。
聽說依此修行，西方只在目前。

師復曰：「善知識！總須依偈修行，見取自性，直成佛道。時不相待，眾人且散，吾歸曹溪。眾若有疑，卻來相問。」

時，刺史、官僚、在會善男信女，各得開悟，信受奉行。

【譯文】

惠能大師說：「善知識！如果想修行，在家中也是可以的，不一定必須到寺廟裡。如果在家中也能堅持修行，恰如身處東方的人卻能心存善行；即使身在寺中卻不奉行修行，那就如同身在西方極樂卻心存惡念。只要內心清淨，就是在自性中得見西方極樂世界。」

韋刺史又問：「在家又怎樣修行呢？希望能給我們教化指授。」

大師說：「我給大家說一個〈無相頌〉，只要依照這個頌修行，就是經常和我在一起。如果不依照這個頌修行，即使剃度出家為僧，其對於修道又有什麼用處呢？」頌詞說：

心平何勞持戒？行直何用修禪？
恩則孝養父母，義則上下相憐。
讓則尊卑和睦，忍則眾惡無喧。
若能鑽木出火，淤泥定生紅蓮。
苦口的是良藥，逆耳必是忠言。
改過必生智慧，護短心內非賢。
日用常行饒益，成道非由施錢。
菩提只向心覓，何勞向外求玄。
聽說依此修行，西方只在目前。

大師又說：「善知識！大家都必須依照偈頌修行，各自識見獲取本性，直接成就佛道。佛法修行不可拖延。大家就這樣先散了吧，我這就回曹溪山了。大家如果有疑問，就來問我好了。」

當時，韋刺史與官員們，大法會上的善男信女們，都有所開悟，對惠能大師的教法深信不疑，遵守奉行。

【注釋】

❶持戒：「六度」之一，即護持戒法的意思，與「破戒」相對稱。

❷饒益：予人富裕、豐足法益的意思。

定慧品第四

本品講述了惠能大師認為南宗禪法之法門，是以「定、慧」為本，並用燈與光之關係喻示定慧一體、體用一如，「定是慧體，慧是定用」，「即慧之時定在慧，即定之時慧在定」。主張修行之時不可定慧兩分，偏執一端。接著指出本宗法門以「無念為宗、無相為體、無住為本」，外離一切相叫做無相，對所有外境均不沾染叫做無念，對於一切時間善惡好壞、不思酬愛、視為空幻的人之本性即是無住。力倡「於一切行住坐臥，常行一直心」，教人自識本心、自見本性。

師示眾云：「善知識！我此法門，以定慧為本。大眾勿迷，言定慧別，定慧一體，不是二。定是慧體，慧是定用，即慧之時定在慧，即定之時慧在定。若識此義，即是定慧等學。

諸學道人，莫言先定發慧、先慧發定各別。作此見者，法有二相。口說善語，心中不善，空有定慧，定慧不等。若心口俱善，內外一如，定慧即等。自悟修行，不在於諍；若諍先後，即同迷人。不斷勝負，卻增我法，不離四相❶。

「善知識！定慧猶如何等？猶如燈光。有燈即光，無燈即暗，燈是光之體，光是燈之用。名雖有二，體本同一。此定慧法，亦復如是。」

師示眾云：「善知識！一行三昧者❷，於一切處行住坐臥，常行一直心是也。《淨名經》云：直心是道場❸，直心是淨土❹。莫心行諂曲❺，口但說直，口說一行三昧，不行直心。但行直心，於一切法勿有執著。迷人著法相❻，執一行三昧，直言常坐不動，妄不起心，即是一行三昧。作此解者，即同無情，卻是障道因緣。

「善知識！道須通流，何以卻滯？心不住法，道即通流。心若住法，名為自縛。若言常坐不動是，只如舍利弗宴坐林中❼，卻被維摩詰訶❽。

「善知識！又有人教坐，看心觀靜，不動不起，從此置功。迷人不會，便執成顛，如此者眾。如是相教，故知大錯。」

【譯文】

惠能大師開示眾人說：「善知識！我所講的法門，以定、慧為根本。大家不要迷誤，認為定、慧二者有別，定和慧是一體的，不是二分的。禪定是智慧的本體，智慧是禪定的功用，就在智慧顯現的時候，定存在於慧中，在入定的時候慧存在於定中。如果了解了這個道理，就是定、慧平等同體。各位學習佛道的人，不要說須先禪定再生發智慧，或先生發智慧才能禪定，認為二者有別。有這種觀點的，就是認為佛法也有兩種相狀。嘴上說著善語，心中沒有善意，徒有定慧的虛名，定慧卻不是一體之學。如果心存善意，口出善言，心口相應，內外如一，定、慧即成一體。自我開悟依此修行，不在於爭執名相，如果執著於爭執定、慧孰先孰後，即與愚迷之人等同無異。不斷絕勝負高下的心念計較，就會不斷加重我執，無法超離對『我、人、眾生、壽者』四相的執著。

「善知識！定、慧的關係好比什麼呢？好比燈光。有燈就有光，沒有燈即是黑暗，燈是光的本質，光是燈的功用。兩者名稱雖不同，本質卻是同一的。定、慧關係之理，也是如此。」

大師開示眾人說：「善知識！一行三昧，就是無論何時何地，無論或行或住，或坐或臥，都直接依照本心修行。《淨名經》說：直現本心就是佛的處所，直現本心就是西方極樂世界。不要心中進行諂媚邪曲，口中卻說直心，口中宣稱一行三昧，卻不奉行直心。要奉行平直心念，對一切事物現象沒有執著。愚迷的人執著於法相，執著於一行三昧，直接宣稱只要經常靜坐不動，妄念不從心中起，這就是一行三昧。做這樣解釋的人，就和無情草木一樣，是障礙修道的。

「善知識！道必須是通達流動的，為什麼卻是滯塞的呢？心中不執著於法，道便通達。心中若執著於法，這叫做為法所縛。如果說應該常常靜坐而不動，那麼只會像舍利弗當年在樹林中長久靜坐，卻被維摩詰呵斥一樣。

「善知識！有人教人靜坐，守著心，觀看靜，身體不動，長久不起，根據這個來建立功德。愚迷的人不能體會定慧的道理，一再執迷，乃成顛倒虛妄，像這樣的人有很多。像這樣的教導，是大錯特錯的。」

【注釋】

❶四相：我、人、眾生、壽者。

❷一行三昧：是一種實相念佛教法。修習這種禪定時，要以法界（即真如、實相）為觀想對象，專心念佛，即可以見到佛，離開心沒有別的佛。神秀北宗禪倡導這種禪定，強調靜坐安心。惠能反對守心看淨，並對「一行三昧」做了新的解釋。三昧，又作「三摩地」、「三摩提」、「三摩帝」，意譯為「等持」、「定」、「正定」、「正受」、「定意」、「調直定」、「正心行處」等，即將心定於一處或一境的一種安定狀態。又一般俗語形容妙處、極致、蘊奧、訣竅等之時，皆以「三昧」稱之，即套用佛教用語而轉意，當然已與原義迥然有別。

❸道場：一般所謂的道場，係指修習佛法的場所，故「道場」可作為「寺院」的別名。又作「菩提道場」、「菩提場」，專指中印度菩提伽耶的菩提樹下之金剛座上佛陀成道之處。這裡指的是禪宗所謂的成就菩提動機的發心、修行等。

❹淨土：全稱「清淨土」、「清淨國土」、「清淨佛剎」。又作「淨剎」、「淨界」、「淨國」、「淨方」、「淨域」、「淨世界」、「淨妙土」、「妙土」、「佛剎」、「佛國」，指以菩提修成的清淨處所為佛所居之所。對此而言，眾生居住之所，有煩惱污穢，故稱「穢土」、「穢國」。

❺諂曲：諂媚不正。

❻法相：與「法性」同義。諸法所具本質之相狀，或指其意義內容。又指真如、實相。

❼舍利弗：佛陀十大弟子之一。舍利弗歸佛後，常隨從佛陀，輔翼聖化，為諸弟子中之上首；復以聰明勝眾，被譽為佛弟子中「智慧第一」。宴坐：坐禪或靜坐的意思。

❽維摩詰：菩薩名。略稱「維摩」，為佛陀的在家弟子，乃中印度毘舍離城（亦作「毘耶離城」）之長者。雖在俗塵，然精通大乘佛教教義，其修為高遠，雖出家弟子猶有不能及者。

師示眾云：「善知識！本來正教，無有頓漸，人性自有利鈍。迷人漸修，悟人頓契，自識本心，自見本性，即無差別。所以立頓漸之假名。

「善知識！我此法門，從上以來，先立無念為宗，無相為體，無住為本。無相者，於相而離相；無念者，於念而無念；無住者，人之本性。於世間善惡好醜，乃至冤之與親，言語觸刺欺爭之時，並將為空，不思酬害❶，念念之中，不思前境。若前念今念後念，念念相續不斷，名為繫縛❷。於諸法上，念念不住，即無縛也。此是以無住為本。

「善知識！外離一切相，名為無相。能離於相，即法體清淨。此是以無相為體。

「善知識！於諸境上，心不染，曰無念。於自念上，常離諸境，不於境上生心；若只百物不思，念盡除卻，一念絕即死，別處受生，是為大錯，學道者思之！若不識法意，自錯猶可，更誤他人；自迷不見，又謗佛經。所以立無念為宗。

「善知識！云何立無念為宗？只緣口說見性迷人，於境上有念，念上便起邪見。一切塵勞妄想，從此而生。自性本無一法可得，若有所得，妄說禍福，即是塵勞邪見。故此法門立無念為宗。善知識！無者，無何事？念者，念何物？無者，無二相，無諸塵勞之心。念者，念真如本性，真如即是念之體，念即是真如之用。真如自性起念，非眼耳鼻舌能念。真如有性，所以起念。真如若無，眼耳色聲當時即壞。

「善知識！真如自性起念，六根雖有見聞覺知，不染萬境，而真性常自在。故經云：能善分別諸法相，於第一義而不動❸。」

【譯文】惠能大師說：「善知識！原本真正的教法，沒有頓漸之分，人性本來有聰明和愚鈍罷了。愚鈍的人漸次修行，聰明的人頓時契悟，自我識見本心，自我識見本性，就沒有頓悟漸悟的差別了。所以頓悟漸悟只是權且設立的假名而已。

「善知識！我所宣講的法門，從佛祖以來，一直是首先立無念為宗旨，以無相為本體，以無住為本根。所謂無相，基於一切相狀而超離一切相狀；所謂無念，生起心念而不執著於心念；所謂無住，乃是人的本性。對於世間一切善惡好醜，甚至冤家對頭，親朋好友，在言語上發生攻擊、刺傷、欺謊、論爭的時候，一併將這些看成空幻，不去思索報復傷害，時時刻刻，不追思拘泥於以前，這就是以無住為本。如果對於過去、現在、將來的心念，念念相續，思量不斷，這叫做自我繫縛。相反，對於一切法相，念念之間毫不執著，就是沒有繫縛，這就是以無住為本。

「善知識！超離一切外在形相，叫做無相。能超離於形相，就是自性法體清淨。這就是以無相為本體。

「善知識！在世間萬事萬物中不被浸染，叫做無念。在自我心念上，時常超離一切事物現象，不在所遇到的事物現象上生執著心；假如只是什麼都不思維，心念除去滅盡，一念斷絕就是死，以為還可以到別的地方再去受生，這是極大的錯誤，參學佛道的人應該仔細思維！如果不能識見佛法大義，自己錯誤迷妄也就罷了，偏偏還要再去勸行他人；自己迷誤不能識見本性，又誹謗了佛教經典。因此要立無念為宗旨。

「善知識！為什麼說要立無念為宗旨呢？只因為口頭上聲稱識見本性的愚迷之人，在事物上生執著心念，產生邪見。一切塵世錯誤妄想，從此而生。自我本性本來並不是可以通過某種具體方法能夠獲得的，如果有所得，就胡亂聲稱是禍福果報，這是世俗邪見。所以這個法門立無念為宗旨。善知識！無，無的是什麼？念，念的又是什麼？無是沒有差別對立的二分之相，沒有執迷塵世之心。念是心念與佛性相一的自我本性，真正的如來佛性是心念的本體，心念是真如佛性的效用。真如佛性由自我本性中升起心念，並非是眼睛、耳朵、鼻子、舌頭等感覺器官能起心念。真如佛性是自我本具的自我之性，從中能夠生起心念。如果真如佛性不是自我本具，那麼眼睛、耳朵等六種感覺器官就應該是壞死的。

「善知識！自我真如本性生起心念，六種感覺器官雖然能看見、聽到、覺察、了解，但不被外在一切事物現象所浸染，真如本性就是永恆自在的。所以佛經上說：真如佛性能夠正確地了知各種事物和現象，在根本上是沒有生滅，不會動搖的。」

【注釋】

❶ 酬害：報復。酬，報答。

❷ 繫縛：又作「結縛」，拘束之意。指眾生之身心為煩惱、妄想或外界事物所束縛而失去自由，長時間流轉於生死之中。是「煩惱」的別名，因煩惱如繩子能繫縛身心，使人不得自在。

❸ 第一義：至高無上的真理。以名究竟之真理，是為最上，故云「第一」。

坐禪品第五

本品記載惠能大師對何為「坐禪」所做的解釋：「外於一切善惡境界，心念不起，名為坐；內見自性不動，名為禪。」闡述了南宗禪對「禪定」的定義：「外離相為禪，內不亂即定」，「外禪內定，是為禪定」。認為坐禪並不是守心看淨，一味枯坐，而是要對外不執著，對內止散亂，禪定與般若智慧是內外一體的。最後還強調了要明心見性，自修自行，自成佛道的道理。

師示眾云：「此門坐禪❶，元不著心❷，亦不著淨，亦不是不動。若言著心，心元是妄，知心如幻，故無所著也。若言著淨，人性本淨；由妄念故，蓋覆真如，但無妄想，性自清淨。起心著淨，卻生淨妄，妄無處所，著者是妄。淨無形相，卻立淨相，言是工夫，作此見者，障自本性，卻被淨縛❸。

「善知識！若修不動者，但見一切人時，不見人之是非善惡過患，即是自性不動❹。

「善知識！迷人身雖不動，開口便說他人是非長短好惡，與道違背。若著心著淨，即障道也。」

師示眾云：「善知識！何名坐禪？此法門中，無障無礙，外於一切善惡境界，心念不起，名為坐；內見自性不動，名為禪。善知識！何名禪定？外離相為禪❺，內不亂為定。外若著相，內心即亂。外若離相，心即不亂。本性自淨自定，只為見境思境即亂。若見諸境心不亂者，是真定也。

「善知識！外離相即禪，內不亂即定。外禪內定，是為禪定。《菩薩戒經》云：我本元自性清淨。善知識！於念念中，自見本性清淨，自修、自行，自成佛道。」

【譯文】

惠能大師開示眾人說：「我這個法門所講的坐禪，原本不是執著於固守本心，也不是執著於一味看淨，更不是枯坐不動。如果說執著心念，心念原本也是虛妄，了解了心念的虛妄，所以也就沒有什麼可執迷固守的。如果說執著於追求本性清淨，那麼人的本性原本就是清淨的；由於虛妄心念的緣故，掩蓋遮蔽了自我真如本性，一旦沒有了虛妄邪見，本性就又自我清淨了。生起執心追求所謂的清淨，卻又生起對清淨本身執著的妄念，這種妄念本來是無處著落和無所適從的，一旦清淨產生執著之心時，它便有了生起的處所。清淨本來是沒有形相的，卻給清淨設定一個形相，硬說符合這一形相的才是修行的功夫，持這樣見解的人，障礙迷惑了自我的本性，其實是被所謂的清淨執迷束縛了。

「善知識！如果修『不動』行，心不生起，那麼看任何人的時候，都對他的是非善惡能視而不見，心念不隨之擾動，這就是自我本性真正寂然不動。

「善知識！愚迷的人身體雖然在那裡紋絲不動，但一開口就是議論別人的是非長短和好壞，這與修道是正好相違背的。這與執著於守心看淨一樣，也是障礙修道的。」

惠能大師開示眾人說：「善知識！什麼叫坐禪？我這個法門中，沒有阻礙，遍達自在，對於一切外在的善惡境界，不起心動念，這叫做坐；能識見內在自我本性寂然不動，這叫做禪。善知識！什麼叫禪定？超離外境外相就是禪，內心不散亂叫做定。如果執著於外境外相，內心必定散亂。如果超離外境外相，內心就不散亂。人的本性原是本自清淨，本自安定的，只是因為遇見外境因而思慮執著於外境，所以內心就散亂了。如果能見到一切外境而內心不散亂的，這才是真正的定。

「善知識！超離外境外相就是禪，內心不散亂就是定。外禪內定就是禪定。《菩薩戒經》說：自我本性原本清淨。善知識！時時刻刻識見自我本性清淨，自我修持，自我心行，自然成就佛道。」

【注釋】

❶坐禪：結跏趺坐，不起思慮分別，繫心於某一對象，稱為「坐禪」。

❷元：通「原」。

❸淨縛：指被所要觀想的「淨相」所束縛。

❹自性不動：指自體之本性。諸法各自有不變不改之性，是名「自性」。這裡指不從主觀上分辨和計較是非曲直。

❺外離相：指自心對外在事物和現象都不執著。

懺悔品第六

本品記述惠能為來山聽法的四方士庶講授「自性五分法身香」、「無相懺悔」、「自心四弘誓願」、「無相三歸依戒」以及「一體三身自性佛」等法。自性五分法身香分為戒香、定香、慧香、解脫香、解脫知見香，倡導修行之人自心戒定慧，自心解除攀緣繫縛，求得解脫。接著傳授無相懺悔，界定了「懺悔」的定義，懺即說出前罪，悔即斷除後過。講說了「自心眾生無邊誓願度，自心煩惱無邊誓願斷，自性法門無盡誓願學，自性無上佛道誓願成」的自心四弘誓願。授「無相三歸依戒」，變以往的歸依佛、法、僧三寶而為歸依覺、歸依正、歸依淨，力倡歸依自性，而非外力，所謂「自性不歸，無歸依處」。最後為大眾講說何為「清淨法身佛」、何為「圓滿報身佛」、何為「千百億化身佛」的一體三身自性佛法門，三身佛都在自性，不在身外，從自性生，不從外得，佛性本具，即心即佛。

時，大師見廣韶洎四方士庶❶，駢集山中聽法❷，於是升座告眾曰：「來，諸善知識！此事須從自性中起❸。於一切時，念念自淨其心，自修自行，見自己法身，見自心佛，自度自戒，始得不假到此。既從遠來，一會於此，皆共有緣。今可各各胡跪❹，先為傳自性五分法身香❺，次授無相懺悔❻。」

眾胡跪。師曰：「一戒香，即自心中，無非、無惡、無嫉妒、無貪瞋、無劫害，名戒香。二定香，即覩諸善惡境相，自心不亂，名定香。三慧香，自心無礙，常以智慧觀照自性，不造諸惡。雖修眾善，心不執著，敬上念下，矜恤孤貧，名慧香。四解脫香，即自心無所攀緣❼，不思善，不思惡，自在無礙，名解脫香。五解脫知見香，自心既無所攀緣善惡，不可沉空守寂，即須廣學多聞，識自本心，達諸佛理，和光接物，無我無人，直至菩提，真性不易，名解脫知見香。

「善知識！此香各自內熏❽，莫向外覓。

「今與汝等授無相懺悔，滅三世罪❾，令得三業清淨❿。

【譯文】當時，惠能大師看到廣州和韶州及來自各地的士庶百姓，都匯集在曹溪山聽講佛法，於是便開壇講法，向眾人說道：「來，各位善知識！修行佛道這等大事必須從自我本性上著手。在任何時候，時刻自我清淨本心，自我修持，自我心行，識見自己的智慧法身，識見自心的佛性，自我度脫，自我持戒，到此才不算虛度。既然從大老遠趕來，一齊會聚在這裡，都是有緣的。現在大家各自可以胡跪，我先給你們傳授自性五分法身香，再傳授無相懺悔。」

大家都胡跪著。惠能大師說：「第一是戒香，就是自我本心中沒有是非，沒有善惡，沒有嫉妒心，沒有貪欲瞋怒，沒有劫心毒害，這叫做戒香。第二是定香，就是看到一切善惡的外境外相，自心不散亂，這叫做定香。第三是慧香，自心通達沒有障礙，時常用智慧觀照自性，不造作一切惡業。雖然修行一切善業，自心卻不生執著，敬重長輩，體念晚輩，憐憫撫恤孤苦貧困，這叫做慧香。第四是解脫香，就是自心沒有對外物生追求攀依之心，不思量善，不思量惡，自由自在，無所掛礙，這叫做解脫香。第五是解脫知見香，自心既沒有對善惡生攀緣之心，也不能陷入虛空，固守枯寂，就是說需要廣泛學習，多多聽取教誨，識見自我本心，通達一切佛教真理，待人接物和光同塵，沒有人我之執，直接達到無上覺悟，真我本性沒有改變，這叫做解脫知見香。

「善知識！這種五分法身香大家各自在自我內心中點燃熏習，千萬不要向外尋求。

「現在我給你們傳授無相懺悔，以除滅過去、現在、未來三世的罪業，使大家獲得身業、口業、意業三業的清淨。

【注釋】

❶ 廣韶：廣州和韶州。

❷ 駢集：匯聚，集聚。

❸ 此事：這裡指明心見性的頓悟解脫。

❹ 胡跪：又作「胡跽」。古時印度、西域地方總稱為「胡」，胡跪乃指一般胡人跪拜的敬儀。

❺ 五分法身香：指戒香、定香、慧香、解脫香、解脫知見香。這五分香，皆從自性上說，皆從功德上修，也就是從自證自性法身來成如如佛。香，是以智慧火燒那抽象無價真香。

❻ 無相懺悔：懺，乃「忍」的意思，即請求他人忍罪。悔，追悔，悔過，即追悔過去之罪。禪宗主張不注重懺悔的形式和儀式，強調個人的心性明淨，稱之為「無相懺悔」。

❼ 攀緣：攀取緣慮、心隨外境而轉的意思，指心執著於某一對象的作用。如老人攀杖而起，謂之「攀緣」。又如猿攀木枝，忽而在彼，忽而在此，謂之「攀緣」。

❽ 內熏：即「內熏」；「外熏」的對稱。眾生心中，皆有本覺之真如，此本覺之真如熏習無明，使妄心厭惡生死的痛苦，而祈求涅槃之快樂，此情形謂之「內熏」。至於佛菩薩的一切教法，以及行者自身的修行，都叫做「外熏」。

❾ 三世：乃過去世、現在世與未來世的總稱。現在世與未來世合稱為「現當二世」。

❿ 三業：身口意三處之所作的身業、口業、意業。身業即身之所作，如殺生、偷盜、邪淫、酗酒等

事；口業即口之所語，如惡口、兩舌、綺語、妄語等言語；意業即意之所思，如貪、瞋、癡等動念。

「善知識！各隨我語，一時道：弟子等，從前念、今念及後念，念念不被愚迷染。從前所有惡業、愚迷等罪，悉皆懺悔，願一時銷滅，永不復起。

「弟子等，從前念、今念及後念，念念不被驕誑染。從前所有惡業、驕誑等罪，悉皆懺悔，願一時銷滅，永不復起。

「弟子等，從前念、今念及後念，念念不被嫉妒染，從前所有惡業、嫉妒等罪，悉皆懺悔，願一時銷滅，永不復起。善知識！已上是為無相懺悔。

「云何名懺？云何名悔？懺者，懺其前愆。從前所有惡業：愚迷驕誑嫉妒等罪，悉皆盡懺，永不復起，是名為懺。悔者，悔其後過。從今以後，所有惡業，愚迷驕誑嫉妒等罪，今已覺悟，悉皆永斷，更不復作，是名為悔，故稱懺悔。凡夫愚迷，只知懺其前愆，不知悔其後過。以不悔故，前愆不滅，後過又生；前愆既不滅，後過復又生，何名懺悔？

「善知識！既懺悔已，與善知識發四弘誓願❶，各須用心正聽：自心眾生無邊誓願度，自心煩惱無邊誓願斷，自性法門無盡誓願學，自性無上佛道誓願成。

「善知識！大家豈不道眾生無邊誓願度，恁麼道❷，且不是惠能度。

「善知識！心中眾生，所謂邪迷心、誑妄心、不善心、嫉妒心、惡毒心，如是等心，盡是眾生，各須自性自度，是名真度。

「何名自性自度？即自心中邪見煩惱愚癡眾生，將正見度❸。既有正見，使般若智打破愚癡迷妄眾生，各各自度。邪來正度，迷來悟度，愚來智度，惡來善度。如是度者，名為真度！

【譯文】

「善知識！大家都各自跟隨我念誦，立即說：弟子們以前、現在、將來的每一個念頭，都不被愚昧迷惑所沾染，以前所有造作的惡業、愚昧、迷惑等等罪過，全部都懺悔，希望立即銷毀滅斷，永遠不再重新生起。

「弟子們，以前、現在、將來的每一個念頭，都不被驕狂傲妄沾染，以前所造作的惡業、驕狂傲妄等罪過，全部都懺悔，希望立刻銷毀滅斷，永遠不再重新生起。

「弟子們，以前、現在、將來的每一個念頭，都不被嫉妒沾染。以前所造作惡業、嫉妒等罪過，全部都懺悔，希望立刻銷毀滅斷，永遠不再重新生起。善知識！以上就是無相懺悔。

「什麼叫做懺？什麼叫做悔？所謂懺，就是坦白承認自己以前所造下的罪業。以前所有的惡業：

愚昧迷惑、驕狂傲妄、嫉妒等等罪過，全部都坦白承認，永遠都不再重犯，這叫做懺。所謂悔，反思改悔以斷除今後會造的罪業。從今以後，所有惡業、愚昧迷惑、驕狂傲妄、嫉妒等等罪過，現在都已覺知開悟，全部都將永遠斷絕，更不會再次造作，這就叫做悔，所以稱為懺悔。凡夫俗子愚昧迷惑，只知道懺說坦白他以前所造罪業，而不知道反思改悔以絕除他今後會造罪業。由於不懂得悔改的緣故，前面的罪業還未滅盡，後面的罪過又新生起；前面的罪業既然不能滅盡，後面的罪過已然重又生起，這叫什麼懺悔呢？

「善知識！既然懺悔已經傳授完畢，現在再和你們發四弘願，大家各自需要正心誠意，用心聽取：自心眾生無邊誓願度，自心煩惱無邊誓願斷，自性法門無盡誓願學，自性無上佛道誓願成。

「善知識！大家不是都說『眾生無邊誓願度』嗎？這樣說，並不是我惠能來度。

「善知識！心中的眾生，就是我們所說的邪迷之心、誑妄之心、不善之心、嫉妒之心、惡毒之心等等，像這樣的心，都是眾生，大家必須各自運用本性自我度脫，這就叫真度。

「什麼叫自性自度？就是自我本心中邪迷妄見、煩惱愚癡等眾生，都用正確的知見將它們度脫。有了正見，讓般若智慧打破愚癡迷妄眾生，各各自性自度。以正見度脫邪見生起，以覺悟度脫迷妄疑惑，以智慧度脫愚迷障礙，以善良心念度脫邪惡心念。這樣的度，叫做真度！

【注釋】

❶四弘誓願：一切菩薩初發心時，必發此四種廣大之願，故又稱「總願」。又作「四弘願」、「四弘行願」、「四弘願行」、「四弘誓」、「四弘」。有關「四弘願」的內容與解釋，散見於諸經論，然而各經所舉頗有出入。中國佛教一般採用《六祖壇經》之說，即：一、眾生無邊誓願度，謂菩薩誓願救度一切眾生。二、煩惱無邊誓願斷，謂菩薩誓願斷除一切煩惱。三、法門無盡誓願學，謂菩薩誓願學知一切佛法。四、無上佛道誓願成，謂菩薩誓願證得最高菩提。此「四弘誓願」可配於苦、集、滅、道四諦。

❷恁麼道：這樣說。

❸正見：係「八正道」之一，「十善」之一。為「邪見」之對稱，即遠離或有或無的邪見，而採取持平正中的見解。

「又煩惱無邊誓願斷。將自性般若智除卻虛妄思想心是也。又法門無盡誓願學，須自見性，常行正法，是名真學。又無上佛道誓願成，既常能下心，行於真正，離迷離覺，常生般若，除真除妄，即見佛性；即言下佛道成。常念修行是願力法❶。

「善知識！今發四弘願了，更與善知識授無相三歸依戒❷。善知識！歸依覺，兩足尊❸；

歸依正，離欲尊；歸依淨，眾中尊！從今日去，稱覺為師，更不歸依邪魔外道，以自性三寶常自證明。勸善知識，歸依自性三寶。佛者，覺也；法者，正也；僧者，淨也。自心歸依覺，邪迷不生，少欲知足，能離財色，名兩足尊。自心歸依正，念念無邪見，以無邪見故，即無人我貢高❹，貪愛執著，名離欲尊。自心歸依淨，一切塵勞愛欲境界，自性皆不染著，名眾中尊。

「若修此行，是自歸依。凡夫不會，從日至夜，受三歸戒；若言皈依佛，佛在何處？若不見佛，憑何所歸？言卻成妄。

「善知識！各自觀察，莫錯用心，經文分明言自歸依佛，不言歸依他佛。自佛不歸，無所依處。

「今既自悟，各須歸依自心三寶❺。內調心性，外敬他人，是自歸依也。

「善知識！既歸依自三寶竟，各各志心。吾與說一體三身自性佛❻，令汝等見三身，了然自悟自性。總隨我道：於自色身，歸依清淨法身佛❼；於自色身，歸依圓滿報身佛❽；於自色身，歸依千百億化身佛❾。善知識！色身是舍宅，不可言歸。向者三身佛，在自性中，世人總有。為自心迷，不見內性，外覓三身如來，不見自身中有三身佛。汝等聽說，令汝等於自身中，見自性有三身佛。此三身佛，從自性生，不從外得。

【譯文】

「另外，煩惱無邊誓願斷，就是運用自性般若智慧除去虛妄思想之心。法門無盡誓願學，必須自我識見本性，時常心行正確的教法，這叫做真正的佛法修行。無上佛道誓願成，就是要經常深入到心中，在心中按真正的佛法修心，不執著於愚迷也不執著於覺悟，常常生起般若智慧，不落於真實也不落於虛妄，就可識見佛性；就是立刻成就佛道。常常心念修行四弘願，這就是發揮願力的方法。

「善知識！現在我們發過四大弘願了，再給大家講授無相三皈依戒。善知識！皈依正確的覺悟，就會有福報和智慧二者都圓滿具足的尊嚴；皈依了正確的知見，就會有超離惡欲的尊嚴；皈依了清淨，就會有在眾生中受到敬重的尊嚴！從今日開始，以覺悟為師父，而不要歸附邪魔外道，以自我本性中的佛、法、僧三寶時常印證明悟自我。奉勸諸位善知識，皈依自我本性中的三寶。佛就是覺悟；法就是正見；僧就是清淨。自我本心皈依正確覺悟，邪見迷障不再生起，減少欲望，能知滿足，能超離財富和美色，這叫做兩足尊。自我本心皈依正見，時時刻刻沒有邪惡愚見，由於沒有邪見的原故，就沒有人我之執，妄自尊大和貪愛執著，這叫做離欲尊。自我本心皈依清淨，一切塵世煩惱，愛憎欲望境界，自我本性都不沾染執著，這叫做眾中尊。

「如果以此修行，就是自我皈依奉持。凡夫俗子不懂這個道理，從白天到黑夜，受所謂的三歸戒；如果說皈依佛，那麼佛在哪裡？如果說見不到佛，那又依據什麼皈依？這樣說法成了妄語。

「善知識！各各自己觀察，不要錯用了心，佛經上明明白白地講到『自皈依佛』，沒有講到『皈依他佛』。自我本心的佛不去皈依，就沒有可以皈依的地方了。

「今天既然自我開悟，各自需要皈依自我本心中的三寶。對內調適心性，對外尊重他人，這就是自我皈依了。

「善知識！既然皈依自我三寶完畢，各自專心。我給你們說一體三身自性佛，讓你們能識見自性三身，全然明瞭自我開悟自我本性。請全部跟隨我念誦：於自色身，皈依清淨法身佛；於自色身，皈依圓滿報身佛；於自色身，皈依千百億化身佛。善知識！肉體色身只是住宅房屋，不能說是最終皈依處所；從來法身、報身、化身這三身佛都是在自我本性中的，世上的人均都本自具有。只是因為自我本心迷誤，不能識見內在本性，向外尋求三身佛，而不能識見自我身中有三身佛。你們聽我講說，會讓你們在自身中識見自我本性中自有的三身佛。這個三身佛從自我本性中生發，而不是從外面尋得的。

【注釋】

❶ 願力：又作「本願力」、「大願業力」、「宿願力」、「誓願之力」、「本願之力」，指菩薩在「因位」所發本願之力用至果位而顯其功。

❷ 無相三歸依戒：指自心的皈依，並不皈依和信奉外在的崇拜對象。三歸依，又作「三皈依」、「三歸」、「三自歸」、「三歸戒」、「趣三歸依」，即歸投、依靠「三寶」，並請求救護，

以解脫一切苦厄，即指皈依佛、皈依法、皈依僧。「歸依」即「皈依」，含有救護、趣向的意思。

❸ 兩足尊：又作「無上兩足尊」、「二足尊」，是佛的尊號。因佛具足「三十二相」、「八十種好」，成就盡智、無生智等無漏之無學法，及「十力」、「四無畏」等諸不共法，故此尊號有二義，即於天、人之中，所有兩足生類中之最尊貴者。又以兩足言喻「戒、定、慧」等功德，佛即具足此兩足，而遊行法界，無所障礙。

❹ 貢高：傲慢自大，自認為高人一等。

❺ 三寶：又作「三尊」，係指為佛教徒所尊敬供養之佛寶、法寶、僧寶等「三寶」。一切之佛，即佛寶；佛所說之法，即法寶；奉行佛所說之法的人，即僧寶。佛者覺知之義，法者法軌之義，僧者和合之義。

❻ 一體三身自性佛：指皈依自己色身內，自性具足之法身、報身、化身等三身佛。

❼ 法身佛：法性之體名法身，法性有覺知之德，故名「佛」。

❽ 報身：指佛的果報身，「三身」之一。亦即菩薩初發心修習，至十地之行滿足，酬報此等願行之果身，稱為「報身」。如阿彌陀佛、藥師如來、盧舍那佛等，皆為報身佛。

❾ 化身：「三身」之一，與報身、法身合稱「三身」，又名「應化身」、「變化身」，為眾生變化種種形的佛身。

「何名清淨法身佛？世人性本清淨，萬法從自性生。思量一切惡事，即生惡行；思量一切善事，即生善行。如是諸法在自性中，如天常清，日月常明，為浮雲蓋覆，上明下暗。忽遇風吹雲散，上下俱明，萬象皆現。世人性常浮游，如彼天雲。

「善知識！智如日，慧如月，智慧常明。於外著境，被妄念浮雲蓋覆自性，不得明朗。若遇善知識，聞真正法，自除迷妄，內外明徹，於自性中萬法皆現。見性之人，亦復如是；此名清淨法身佛。

「善知識！自心歸依自性，是歸依真佛。自歸依者，除卻自性中不善心、嫉妒心、諂曲心、吾我心、誑妄心、輕人心、慢他心、邪見心、貢高心，及一切時中不善之行；常自見己過，不說他人好惡，是自歸依。常須下心，普行恭敬，即是見性通達，更無滯礙，是自歸依。

「何名圓滿報身？譬如一燈能除千年暗，一智能滅萬年愚。莫思向前，已過不可得，常思於後，念念圓明，自見本性，善惡雖殊，本性無二。無二之性，名為實性，於實性中，不染善惡，此名圓滿報身佛。

「自性起一念惡，滅萬劫善因❶。自性起一念善，得恆沙惡盡❷。直至無上菩提，念念自見，不失本念，名為報身。

「何名千百億化身？若不思萬法，性本如空。一念思量，名為變化。思量惡事，化為地獄，思量善事，化為天堂；毒害化為龍蛇，慈悲化為菩薩；智慧化為上界❸，愚癡化為下方❹。自性變化甚多，迷人不能省覺。念念起惡，常行惡道；迴一念善，智慧即生。此名自性化身佛。

「善知識！法身本具，念念自性自見，即是報身佛；從報身思量，即是化身佛；自悟自修自性功德，是真歸依。皮肉是色身，色身是舍宅，不言歸依也。但悟自性三身，即識自性佛。

「吾有一無相頌，若能師持，言下令汝積劫迷罪，一時銷滅。」頌曰：

迷人修福不修道，只言修福便是道。
布施供養福無邊，心中三惡元來造❺。
擬將修福欲滅罪，後世得福罪還在。
但向心中除罪緣，名自性中真懺悔。
忽悟大乘真懺悔，除邪行正即無罪。
學道常於自性觀，即與諸佛同一類。
吾祖惟傳此頓法，普願見性同一體。
若欲當來覓法身，離諸法相心中洗。

努力自見莫悠悠，後念忽絕一世休。

若悟大乘得見性，虔恭合掌至心求。

師言：「善知識！總須誦取，依此修行。言下見性，雖去吾千里，如常在吾邊。於此言下不悟，即對面千里，何勤遠來？珍重好去！」一眾聞法，靡不開悟，歡喜奉行。

【譯文】

「什麼是清淨法身佛呢？世上的人們自性本來清淨，一切萬法都從自我本性中生起。思慮一切邪惡之事，就生出邪惡行為；心中思慮一切善好之事，就會生起善好的行為。像這樣的一切法都存在於自我本性中，如同天空永遠清湛，日月永遠光明，而被浮雲覆蓋後，上面雖明亮，下面世間卻頓入黑暗。忽然遇到風起吹動，浮雲驅散，則上下全部通明透徹，一切景象全部顯現。世上人們的自我本性常呈浮動飄遊的狀態，就好像在天空中時常蓋覆的浮雲。

「善知識！智就像太陽，慧就像月亮，智慧就像日月永放光明。執著於外境，就被妄念一般的浮雲遮蓋罩覆了自我本性，不能得到通明朗照。如果遇到善知識，聽聞了真正的佛法，自我除卻愚迷癡妄，內外通明透徹，在自我本性中世間萬法全部顯現。能識見本性的人，就是這樣；這叫做清淨法身佛。

「善知識！自我本心歸於自我本性，就是皈依了真正的佛。自我皈依的人，除去自我本性中的不善之心、嫉妒之心、諂曲之心、吾我心、誑妄心、輕人心、慢他心、邪見心、貢高心，以及時時刻刻的不善的行為；常常自我識見自己的罪過，不議論他人的好壞善惡，就是自我皈依。常常立下決心，一切都奉行恭敬，就是識見本性，通達無礙，更無滯塞，就是自我皈依。

「什麼叫做圓滿報身？比如一盞燈除卻千年的黑暗，一個智慧滅盡了萬年的愚迷。不要總是思慮以前，過往的過錯已不能得以重新更正，應該時常思慮今後，時時刻刻保持圓融明徹，自我識見本性，善與惡雖然不同，但它們本性沒有差別。沒有差別的本性，叫做實性，在實性中，不沾染執著善惡分別，這叫做圓滿報身佛。

「自我本性中生起一惡念，就能斷滅萬劫所修善因。自我本性中生起一善念，就能使得恆河沙一樣多的惡業消失滅盡。直接成就無上菩提，時時刻刻自見本心，不失見性本念，叫做報身。

「什麼叫做千百億化身？如果不去思慮一切事物現象，本性原來就如同虛空。思慮一個念頭，這就是變化。思慮惡的事，自我本性變成地獄，思慮善的事，自我本性變為天堂；起毒害心時變成龍蛇，生慈悲心時變成菩薩；生智慧時達到上界諸天的境界，犯癡愚時淪為下方惡道的境地。自我本性變化是非常多的，愚迷之人不能夠內省覺悟。時時生起惡念，常常踐行惡道；當一個善念回轉，智慧則又立刻生起。這叫做自性化身佛。

「善知識！法身佛本來具足在自我本性中，時時自己識見自我本性，就是報身佛；從報身佛去思量變化，就是化身佛；自我覺悟、自我修行自我本性功德，這是真正的皈依。人的皮肉是色身，色身如同房屋宅舍，不能說是皈依色身這個處所。只要能悟到自我本性中存在三身佛，就是識見了自我本性的佛。

「我有一個無相頌，如果能念誦奉持，立刻能讓你累世所積累的惡劫迷罪，一剎那之間消失滅盡。」頌是：

迷人修福不修道，只言修福便是道。
布施供養福無邊，心中三惡元來造。
擬將修福欲滅罪，後世得福罪還在。
但向心中除罪緣，名自性中真懺悔。
忽悟大乘真懺悔，除邪行正即無罪。
學道常於自性觀，即與諸佛同一類。
吾祖惟傳此頓法，普願見性同一體。
若欲當來覓法身，離諸法相心中洗。
努力自見莫悠悠，後念忽絕一世休。
若悟大乘得見性，虔恭合掌至心求。

惠能大師說：「善知識！全部都要念誦記取，依照這個頌去修行。當下識見本性，你們即使離我有千里之遙，也好像時時都未離開我身邊。如果當下不能開悟，即使我們面對面，也好似遠隔千里，更何苦辛勤遠道而來呢？好好自我珍重都回去吧！」大家聽聞了佛法，沒有不開悟的，內心歡喜，信奉修行。

【注釋】

❶善因：即招感善果的業因。

❷恆沙：即恆河之沙。恆河是印度大河，兩岸多細沙，恆河沙粒至細，其量無法計算。諸經中凡形容無法計算之數，多以「恆河沙」一詞為喻。

❸上界：與「下界」對稱，又稱「天上界」，「六道」之一，即包括無色界、色界、欲界等諸天。位於諸天中，上方之位者稱「上界」。如色界天為欲界天的上界。

❹下方：指三塗，即地獄、餓鬼、畜生之「三惡道」。

❺三惡：指人之貪、瞋、癡三種惡心。人有此三惡，難以教化。也指地獄、餓鬼、畜生等「三惡道」之略稱。

機緣品第七

本品記敘了六祖惠能大師聽到比丘尼無盡藏誦《大涅槃經》後為之解說，並提出「諸佛妙理，非關文字」，表明了南宗禪「不立文字」的思想。接著記敘了惠能得法後，各方學者前往請益的事由，通過惠能大師對僧法海、僧法達、僧智通、僧智常、僧志道以及行思禪師、懷讓禪師、永嘉玄覺禪師、智隍禪者和僧方辯等一系列弟子的機緣對話、教化開示，側面闡揚了南宗禪的諸多思想旨趣：如「成一切相即心，離一切相即佛」、「於相離相，於空離空」、「說似一物即不中」等。

師自黃梅得法，回至韶州曹侯村，人無知者。有儒士劉志略，禮遇甚厚。志略有姑為尼，名無盡藏，常誦《大涅槃經》。師暫聽，即知妙義，遂為解說。尼乃執卷問字。

師曰：「字即不識，義即請問。」

尼曰：「字尚不識，焉能會義？」

師曰：「諸佛妙理，非關文字。」

尼驚異之。遍告里中耆德云❶：「此是有道之士，宜請供養。」有魏武侯玄孫曹叔良及居民，競來瞻禮。時，寶林古寺自隋末兵火，已廢。遂於故基重建梵宇❷，延師居之，俄成寶坊❸。師住九月餘日，又為惡黨尋逐，師乃遁於前山，被其縱火焚草木，師隱身挨入石中得免。石今有師趺坐膝痕，及衣布之紋，因名「避難石」。師憶五祖懷會止藏之囑，遂行隱於二邑焉。

【譯文】

惠能大師從黃梅五祖弘忍大師那裡得受衣法之後，來到韶州曹侯村，沒有人知道他的事。當時有個儒士叫劉志略，禮敬待遇惠能大師非常殷勤。劉志略有個姑姑出家做比丘尼，法名無盡藏，經常念誦《大涅槃經》。惠能大師稍微一聽就知道經中所說的玄妙義理，就給無盡藏解說經義。無盡藏於是手拿經卷請教惠能經中的文字。

惠能說：「說到字我是不認識的，如果有義理方面的疑問盡可以問。」

尼姑無盡藏說：「字尚且不認識，怎麼能體會經文要義呢？」

惠能大師說：「一切佛法的微言大義，都是與文字無關的。」

尼姑無盡藏聽後十分驚訝。告訴了鄉里全部的年高德重的長者，說：「這是個有道行的人，應該請來好好供養。」

有魏武侯的玄孫曹叔良和附近的居民，爭相擁來瞻仰禮敬惠能大師。當時，有一個古老的寶林寺，自從隋朝末年遭遇兵火戰亂，已經毀廢很久了。於是便在舊址上重新建蓋寺廟，請惠能大師居寺住持，頃刻之間，那裡便成了佛法聖地。

惠能大師住了九個多月，又被惡黨們尋找追蹤，惠能大師於是就隱藏在前山，又遭遇惡黨們放火燒山加害，大師將身體隱藏在石頭中間才倖免於難。今天石頭上還有惠能大師結跏趺坐時膝蓋的印痕和衣服上的布紋，因此給石頭命名為「避難石」。大師想起五祖「逢懷則止，遇會則藏」的叮囑，便到懷集、四會兩個縣的境內隱藏了起來。

【注釋】

❶ 耆德：年高德重者。

❷ 梵宇：佛寺的別稱，即佛寺。

❸ 寶坊：寺院的美稱。

僧法海，韶州曲江人也。初參祖師。

問曰：「即心即佛，願垂指諭。」

師曰：「前念不生即心❶，後念不滅即佛；成一切相即心❷，離一切相即佛❸。吾若具說，窮劫不盡。聽吾偈。」曰：

即心名慧，即佛乃定；
定慧等持，意中清淨。
悟此法門，由汝習性❹；
用本無生，雙修是正。

法海言下大悟，以偈讚曰：

即心元是佛，不悟而自屈；
我知定慧因，雙修離諸物。

僧法達，洪州人，七歲出家，常誦《法華經》。來禮祖師，頭不至地。

師訶曰：「禮不投地，何如不禮？汝心中必有一物，蘊習何事耶？」

曰：「念《法華經》已及三千部❺。」

師曰：「汝若念至萬部，得其經意，不以為勝，則與吾偕行。汝今負此事業，都不知過。聽吾偈。」曰：

禮本折慢幢❻，頭奚不至地；

有我罪即生，亡功福無比。

師又曰：「汝名什麼？」

曰：「法達。」

師曰：「汝名法達，何曾達法？」復說偈曰：

汝今名法達，勤誦未休歇；

空誦但循聲，明心號菩薩。

汝今有緣故，吾今為汝說；

但信佛無言，蓮華從口發。

達聞偈，悔謝曰：「而今而後，當謙恭一切。弟子誦《法華經》，未解經義，心常有疑。和尚智慧廣大，願略說經中義理。」

師曰：「法達！法即甚達，汝心不達。經本無疑，汝心自疑。汝念此經，以何為宗？」

達曰：「學人根性暗鈍，從來但依文誦念，豈知宗趣！」

【譯文】

僧人法海，是韶州曲江人氏。一開始他參禮六祖惠能大師。問：「即心即佛是什麼意思，希望您能給予指示教諭。」

惠能大師說：「對已生之念不留戀即是心，對將生之念任其顯現就是佛；能成萬法一切相的是心，能離萬法一切相的是佛。我若是給你具體詳細地說，可能窮盡無數劫的時間也說不完，你聽我的偈吧。」偈說：

即心名慧，即佛乃定；
定慧等持，意中清淨。
悟此法門，由汝習性；
用本無生，雙修是正。

法海立刻開悟，用一首偈來感慨讚歎：

即心元是佛，不悟而自屈；
我知定慧因，雙修離諸物。

僧人法達，洪州人。七歲時出家為僧，常常念誦《法華經》。他來禮拜六祖惠能大師，行禮時頭卻不觸到地面。

惠能大師斥責他說：「行禮頭不觸地，還不如不行禮。你心中肯定執著著一個事物，平時都修行什麼？」

法達說：「我念誦《法華經》已經達到三千部了！」

六祖惠能大師說：「你如果念到上萬部，得悟經文的大義，卻仍然不以為了不起，那麼你可以和我一起修行。你現在以這件事自負自傲，都還不知道自己的罪過。聽我的偈吧。」偈說：

禮本折慢幢，頭奚不至地；
有我罪即生，亡功福無比。

惠能大師又說：「你叫什麼名字？」

法達回答說：「我叫法達。」

惠能大師說：「你名字叫法達，你哪裡通達佛法了？」又說一個偈道：

汝今名法達，勤誦未休歇；
空誦但循聲，明心號菩薩。
汝今有緣故，吾今為汝說；
但信佛無言，蓮華從口發。

法達聽了偈後，後悔不已，向惠能大師謝罪說：「從今以後，我應該對一切保持謙恭的態度。弟子念誦《法華經》，並沒有體解佛經大義，心中常常生起疑惑。大師具有無邊廣大的智慧，希望大致為我講說經文義理。」

惠能大師說：「法達！佛法本是十分通達的，你的本心愚迷就不能達到了。佛經原本不存在疑惑，你的自心生起疑惑。你念這個佛經，認為什麼是它的宗旨啊？」

法達說：「我根器稟性晦暗愚鈍，從來只知道依照文字念誦經文，我哪裡還知道經文的宗旨和旨趣啊！」

【注釋】

❶前念不生：念，指意念，又指剎那的時間。過去者稱「前念」，相續者稱「後念」。前念、後念指心在瞬間的變化。前念不生即指前一個念頭已經過去，不要再留戀它的再生，對自己的思維活動不要執著。下文的「後念不滅」，指將要出現的念頭任其出現，不必故意限制壓抑自己的認識活動。

❷成一切相即心：就是說外在一切事物和現象都是心的派生物。相，形相或狀態的意思；相對於性質、本體等而言，即指諸法之形象狀態。

❸離一切相即佛：自心不為外在的一切事物和現象所干擾就達到了覺悟。

❹習性：又名「習種性」，即以前研習所修成的性。

❺《法華經》：《妙法蓮華經》的略稱。《法華經·法師品》曰：「是法華經藏，深固幽遠，無人能到。」《法華經·安樂行品》曰：「此法華經，諸佛如來祕密之藏，於諸經中最在其上。」

❻禮本折慢幢：指禮本來就是消除傲慢心理的。幢，又作「寶幢」、「天幢」、「法幢」，為旗之一種，用以莊嚴佛菩薩及道場。謂圓桶狀者為「幢」，長片狀者為「幡」。慢幢比喻驕傲高慢之心如說法時高聳之幢。

師曰：「吾不識文字，汝試取經誦一遍，吾當為汝解說。」法達即高聲念經，至〈譬喻品〉❶。師曰：「止！此經元來以因緣出世為宗❷。縱說多種譬喻，亦無越於此。何者因緣？經云：『諸佛世尊，唯以一大事因緣，出現於世。』一大事者，佛之知見也❸。「世人外迷著相，內迷著空。若能於相離相，於空離空，即是內外不迷。若悟此法，一念心開，是為開佛知見。

「佛，猶覺也。分為四門：開覺知見，示覺知見，悟覺知見，入覺知見。若聞開示，便能悟入，即覺知見，本來真性而得出現。

「汝慎勿錯解經意：見他道開示悟入，自是佛之知見，我輩無分。若作此解，乃是謗經毀佛也。彼既是佛，已具知見，何用更開？汝今當信佛知見者，只汝自心，更無別佛。蓋為一切眾生，自蔽光明，貪愛塵境❹，外緣內擾，甘受驅馳，便勞他世尊，從三昧起，種種苦口❺，勸令寢息，莫向外求，與佛無二，故云開佛知見。吾亦勸一切人，於自心中，常開佛之知見。世人心邪，愚迷造罪，口善心惡，貪瞋嫉妒，諂佞我慢❻，侵人害物，自開眾生知見❼。若能正心，常生智慧，觀照自心，止惡行善，是自開佛之知見。

「汝須念念開佛知見，勿開眾生知見，開佛知見，即是出世。開眾生知見，即是世間。汝若但勞勞執念，以為功課者，何異犛牛愛尾❽？」

【譯文】

惠能大師說：「我不認識字，你先把佛經拿來念誦一遍，我會給你講解的。」法達立刻大聲念誦經文，念到〈譬喻品〉的時候，惠能大師說：「停，這部經原本是以如來以何因緣出現於世間為宗旨的。縱然說了許多種比喻，也不超越這個宗旨。什麼是因緣？佛經上說：『一切佛菩薩，都是為了一件大事的因緣才出現在世間的。』這種大事就是佛的真知正見。

「世上的人在外就執著於外境相狀，對內又執著於虛妄空寂。如果能在一切相上又超離一切相，在一切空中又超離一切空，那就是對內對外都不執迷。如果悟到這個法門，一念之間，頓然開悟，這就是開悟佛的知見。

「佛，就是覺悟。分為四門：開啟覺知之見、顯示覺知之見、證悟覺知之見、契入覺知之見。如果聽到開示，就能契悟證入，這就是覺知見，本來具有的真如佛性因而得以顯現。

「你千萬慎重不要錯誤理解了佛經的大義：聽他講開、示、悟、入四門覺知見，認為這本是佛的知見，與我們這樣的人沒有關係。如果做這樣的理解，那就是誹謗經典毀譽佛祖。佛既然已經是佛了，已經具足知覺正見，還用再開悟做什麼？你今天應該正信所謂佛知見，只是在你自己心中，更沒有其他的佛。因為一切眾生，自我遮蔽智慧光明，貪欲愛憎塵世俗境，外緣浸染，內妄滋擾，因而自甘為此一切塵勞驅策奔馳，更加勞煩我佛世尊，從禪定開始，苦口婆心，勸誡眾生使之息心止念，不要向心外妄求，就能和佛沒有分別，所以說是開悟佛的知見。我也勸告所有人，在自我本心中，常常開悟佛的知見。世上的人心易生邪念，愚昧執迷，造作業罪。嘴上說善，心中行惡，貪欲瞋怒、嫉妒、諂媚、虛妄、自我、傲慢、害人害物，這都是自己開悟眾生世俗的知見。如果能端正本心，常常生起智慧，觀察審照自我本心，止斷惡念，奉行善心，就是自己開悟佛的知見了。

「你必須心心念念、時時刻刻開悟佛的知見，不要開眾生的世俗知見，開悟佛的知見，就是超凡出世。開了眾生的知見，就是墮入世間。你如果只是辛辛苦苦白白地執迷眾生知見，卻仍然以為是在修道立功德，這與犛牛愛護自己的長尾巴，執迷貪戀有什麼區別呢？」

【注釋】

❶〈譬喻品〉：經名。《法華經》二十八品中之第三品，出於經的第二卷。

❷出世：「出世間」的略稱，即超越世俗、出離世塵的意思，指諸佛出現於世間成佛，以教化眾生；也指跳出世間不再受生死。

❸佛之知見：《法華經．方便品》曰：「開佛知見。」即指佛的智慧。知見，指依自己的思慮分別而立的見解。與智慧有別，智慧是般若的無分別智，為離思慮分別之心識。
❹塵境：指心的對象，為六塵之心所對者，即色、聲、香、味、觸、法等六境。
❺種種苦口：根據不同的情況，利用不同的方法來教化。
❻我慢：視「我」為一己之中心，由此所執之「我」而形成驕慢心。
❼眾生知見：指會導致凡夫生起煩惱的見解。
❽犛牛愛尾：出自《法華經．方便品》。人們不捨自己的欲望，正像犛牛愛自己的尾巴一樣。

達曰：「若然者，但得解義，不勞誦經耶？」

師曰：「經有何過，豈障汝念！只為迷悟在人，損益由己。口誦心行，即是轉經❶；口誦心不行，即是被經轉。聽吾偈。」曰：

心迷法華轉❷，心悟轉法華。
誦經久不明，與義作仇家。
無念念即正，有念念成邪。
有無俱不計，長御白牛車❸。

達聞偈，不覺悲泣，言下大悟，而告師曰：「法達從昔已來，實未曾轉法華，乃被法華轉。」再啟曰：「經云：諸大聲聞乃至菩薩，皆盡思共度量，不能測佛智。今令凡夫但悟自心，便名佛之知見，自非上根，未免疑謗。又經說三車❹，羊鹿牛車與白牛之車，如何區別？願和尚再垂開示。」

師曰：「經意分明，汝自迷背。諸三乘人❺，不能測佛智者，患在度量也。饒伊盡思共推，轉加懸遠。佛本為凡夫說，不為佛說。此理若不肯信者，從他退席。殊不知坐卻白牛車，更於門外覓三車。況經文明向汝道：唯一佛乘，無有餘乘，若二若三，乃至無數方便，種種因緣、譬喻言詞，是法皆為一佛乘故。汝何不省！三車是假，為昔時故；一乘是實，為今時故。只教汝去假歸實，歸實之後，實亦無名。應知所有珍財，盡屬於汝，由汝受用；更不作父想❻，亦不作子想❼，亦無用想❽，是名持《法華經》。從劫至劫，手不釋卷，從晝至夜，無不念時也。」

達蒙啟發，踊躍歡喜。以偈讚曰：

經誦三千部，曹溪一句亡。
未明出世旨，寧歇累生狂？
羊鹿牛權設，初中後善揚❾。
誰知火宅內❿，元是法中王⓫。

師曰：「汝今後方可名念經僧也。」

達從此領玄旨，亦不輟誦經。

【譯文】

法達說：「要是這樣，只要能理解佛法大義，就不要念誦佛經了嗎？」

惠能大師說：「佛經有什麼過錯，難道妨礙你念誦了嗎！只是由於愚迷和開悟在於你個人，損失和增益全由你自己。口中念誦經文，內心奉行，這樣才是運轉起用佛經；口中念誦，心中不奉行，這是被佛經所牽引運轉了。聽我的偈。」偈說：

心迷法華轉，心悟轉法華。

誦經久不明，與義作仇家。

無念念即正，有念念成邪。

有無俱不計，長御白牛車。

法達聽了偈後，不覺地悲傷哭泣，立刻大悟，轉而告訴惠能大師說：「法達從過去以來，實在是從沒有轉運起用過法華經義，而是被法華經文牽引運轉著。」又稟告說：「佛經中說，一切大聲聞乃至菩薩全部思索度量，也不能揣測佛的智慧。現在凡夫俗子們，只要開悟自我本心，便說是佛的知見，不是上等根器的人，難免會對此說法有疑惑和誹謗。另外佛經上說了三種車乘，羊車、鹿車、牛車，還有一種白牛車，如何區別這些呢？希望大師再給予開示。」

惠能大師說：「佛經中的意思非常清楚明白，是你自己迷惑，背道而馳。那些三乘人，不能揣測佛的智慧，其錯誤就在於用思維去揣測度量。任憑他們費盡心思一起推測，反而離佛的智慧越來越遠。佛本來是為凡夫俗子們宣講教法的，不是為佛自己說的。如果不肯相信這個道理的人，任他退場出去，不要聽了。竟然不知道自己坐上了白牛車，卻還在門外找尋羊車、鹿車和牛車。況且經文明明白白地向你說了：只有唯一的佛乘，沒有別的教乘，如果有第二個、第三個，甚至無數個方便法門，各種各樣的因緣際會、譬喻比方、言語詞句，這些方便法門都是為了說明這一佛乘。你怎麼不省悟！所謂羊、鹿、牛車是假設，是為過去愚迷眾生作的比喻；大白牛車是真實的，是為了當今人而設的。這只是要教導你去除假相回歸真實，回歸真實之後，真實本身也沒有了，也不應該執著。你應該知道珍寶、財富，都是屬於你的，由你享用。不要想這個財產是你父親的，也不要想這個財產是你兒子的，也不要想這是財富，這樣才是叫做奉持《法華經》。如果這樣，就如同在前一劫到後一劫的漫長時間裡，在任何時間，都手不釋卷，從早到晚都在念誦心行《法華經》。」

法達受到啟發，高興得手舞足蹈，用一首偈來讚歎：

經誦三千部，曹溪一句亡。
未明出世旨，寧歇累生狂？
羊鹿牛權設，初中後善揚。

誰知火宅內，元是法中王。

惠能大師說：「你從今以後才可以被稱為念經僧人。」

法達從此領受了《法華經》玄深的教旨，同時也沒有停止念誦佛經。

【注釋】

❶ 轉經：讀誦經典。完整誦讀一部經者，稱「真讀」。僅讀誦其初、中、後之數行，或僅翻頁擬作讀經狀，均稱為「轉經」，又稱「轉讀」。

❷ 心迷法華轉：心中不明白經義，只是口中念誦《法華經》，這就等於被《法華經》所「轉」，沒有真正地誦念經文，所以沒有「轉經」。

❸ 長御白牛車：《法華經》以「白牛車」比喻一佛乘，即獲得了佛的智慧。《壇經》講的「白牛車」和「一佛乘」，實為借用這些名稱來表達禪宗的教義。

❹ 三車：羊車、鹿車、牛車，次第譬喻聲聞乘、緣覺乘、大乘者。羊車是形容聲聞乘只能自度，不能度他，好像一輛小小的羊車不能裝載貨物；鹿車是形容緣覺乘能自度兼度親屬，好像一輛鹿車能載少許的貨物；牛車是形容菩薩乘不但自度且能普度眾生，好像一輛大牛車能運載許多的貨物。

❺ 三乘人：聲聞乘、緣覺乘、菩薩乘。「聲聞乘」又名「小乘」，可證阿羅漢果；「緣覺乘」又名

「中乘」，可證辟支佛果；「菩薩乘」又名「大乘」，可證無上佛果。

❻ 更不作父想：「父」指《法華經》中講的「大寶長者」，他曾把財物分給兒子們。這裡的意思是所有的財寶（佛性）都是自己本有的，不要認為是大富長者（即代表佛）的。

❼ 亦不作子想：子，指大富長者的兒子，這裡指眾生。這句話的大意是不要認為財富（佛性）是他人的。

❽ 亦無用想：所要表達的是父想、子想、用想都不應作意，即連想也不要想。雖說禪宗的立場是不必到自身之外尋求佛性，但也進一步認為連向自心尋找佛的念頭也應破除，因為這樣將限制自己的認識活動，也是一種執著。

❾ 初中後善：初善、中善、後善。初善，指羊車，譬喻聲聞乘；中善，指鹿車，比喻緣覺乘；後善，即牛車，比喻為大乘者。

❿ 火宅：比喻迷界眾生所居住的三界。語出《法華經．譬喻品》中的火宅喻。眾生生存於三界中，受各種迷惑之苦，然猶不自知其置身苦中，譬如屋宅燃燒，而宅中稚兒仍不知置身火宅，依然嬉樂自得。譬喻三界之生死，譬如火宅也。

⓫ 法中王：指經過長時間修梵行，並證得無上菩提的修行者。

僧智通❶，壽州安豐人，初看《楞伽經》，約千餘遍，而不會三身四智❷。禮師求解其義。

師曰：「三身者，清淨法身，汝之性也；圓滿報身，汝之智也；千百億化身，汝之行也。若離本性，別說三身，即名有身無智❸。若悟三身無有自性❹，即名四智菩提。聽吾偈。」曰：

自性具三身，發明成四智。
不離見聞緣，超然登佛地。
吾今為汝說，諦信永無迷。
莫學馳求者，終日說菩提。

通再啟曰：「四智之義，可得聞乎？」

師曰：「既會三身，便明四智，何更問耶？若離三身，別談四智。此名有智無身，即此有智，還成無智。」復說偈曰：

大圓鏡智性清淨，平等性智心無病，
妙觀察智見非功，成所作智同圓鏡。
五八六七果因轉❺，但用名言無實性❻，
若於轉處不留情，繁興永處那伽定❼。

通頓悟性智❽，遂呈偈曰：

三身元我體，四智本心明；
身智融無礙，應物任隨形。
起修皆妄動，守住匪真精；
妙旨因師曉，終亡染污名。

【譯文】

僧人智通，壽州安豐人氏，最初看《楞枷經》，大約看了一千多遍，卻還不領會三身四智的意思。前來禮敬惠能大師請求開解大義。

惠能大師說：「三身，即清淨的法身，這是你的本性；圓滿的報身，這是你的智慧；千百億的化身，這是你的行為。如果說脫離了自性，另外講三身，這叫做有身無智。如果悟到了三身卻沒有自性，這叫做四智菩提。聽我的偈。」偈說：

自性具三身，發明成四智。
不離見聞緣，超然登佛地。
吾今為汝說，諦信永無迷。
莫學馳求者，終日說菩提。

智通又問：「四智的道理，可以聽您講講嗎？」

惠能大師說：「既然領會了三身之意，就明瞭四智的意義，何必再問呢？如果脫離了三身，再談什麼四智，這叫做有智無身，就是本身具有這個智慧，表現出來的卻是沒有智慧。」又說偈：

大圓鏡智性清淨，平等性智心無病，
妙觀察智見非功，成所作智同圓鏡。
五八六七果因轉，但用名言無實性，
若於轉處不留情，繁興永處那伽定。

智通立刻頓悟了在自性上談三身四智的道理，便呈上自作的偈：

三身元我體，四智本心明；
身智融無礙，應物任隨形。
起修皆妄動，守住匪真精；
妙旨因師曉，終亡染污名。

【注釋】

❶智通：唐代禪僧，生卒年不詳。據《景德傳燈錄》卷十載，師參禮歸宗智常求法，一夕突大呼：「我已大悟也。」次日，智常問之，答：「師姑天然是女人作。」智常許之。後居五臺山法華

寺，自稱「大禪佛」。示寂前舉偈云：「舉手攀南斗，回身倚北辰，出頭天外看，誰是我般人？」

❷ 四智：指四種智慧。法相宗所立如來的「四智」。凡夫有八識，至如來轉為「四智」。一大圓鏡智，轉第八識者；二平等性智，轉第七識者；三妙觀察智，轉第六識者；四成所作智，轉第五識者。

❸ 有身無智：禪宗認為離開了人的自我本性，一切都是虛幻不真實的。因為「四智」不離本性，若離本性而說「三身」，所談的就只能是不起智用的空洞名言概念，不是真正的「三身」。

❹ 三身無有自性：「三身」是從一個自我的本性而生的，並非說「三身」中各有一個自性。

❺ 五八六七果因轉：五，指八識中之前五識，眼、耳、鼻、舌、身對於色、聲、香、味、觸之「五塵」，能起五種識。八，指第八識，又名「阿賴耶識」。六，則指「八識」中之第六識，即意識。七，是「八識」中之第七識，即末那識。前五識及第八識，屬於果。第六識、第七識，屬於因。前五識和第八識必須到成就佛果時才能轉為所作智和大圓鏡智，所以叫做「果上轉」。第六識和第七識卻能在未成就佛果前就能轉為「妙觀察智」和「平等性智」，因而叫做「因中轉」。

❻ 實性：「真如」的異名。

❼ 那伽定：意譯為「龍」，有「定」的意思。龍定止於深淵曰「那伽定」。

❽ 通頓悟性智：即認識、理解了關於從自性上談「三身」和「四智」的理論。

僧智常，信州貴溪人❶。髫年出家，志求見性。一日參禮。

師問曰：「汝從何來，欲求何事？」

曰：「學人近往洪州白峰山禮大通和尚❷，蒙示見性成佛之義，未決狐疑。遠來投禮，伏望和尚慈悲指示。」

師曰：「彼有何言句，汝試舉看？」

曰：「智常到彼，凡經三月，未蒙示誨。為法切故，一夕獨入丈室❸，請問如何是某甲本心本性。大通乃曰：『汝見虛空否？』對曰：『見！』彼曰：『汝見虛空有相貌否？』對曰：『虛空無形，有何相貌？』彼曰：『汝之本性，猶如虛空，了無一物可見，是名正見；無一物可知，是名真知。無有青黃長短，但見本源清淨，覺體圓明，即名見性成佛，亦名如來知見。』學人雖聞此說，猶未決了，乞和尚開示。」

師曰：「彼師所說，猶存見知，故令汝未了。吾今示汝一偈。」曰：

不見一法存無見❹，大似浮雲遮日面。

不知一法守空知❺，還如太虛生閃電。

此之知見瞥然興，錯認何曾解方便❻。

汝當一念自知非，自己靈光常顯現。

常聞偈已，心意豁然，乃述偈曰：

無端起知見，著相求菩提❼，

情存一念悟，寧越昔時迷❽。

自性覺源體，隨照枉遷流，

不入祖師室，茫然趣兩頭。

智常一日問師曰：「佛說三乘法❾，又言最上乘，弟子未解，願為教授。」

師曰：「汝觀自本心，莫著外法相。法無四乘❿，人心自有等差。見聞轉誦是小乘，悟法解義是中乘，依法修行是大乘。萬法盡通，萬法俱備，一切不染，離諸法相，一無所得，名最上乘⓫。乘是行義，不在口爭，汝須自修，莫問吾也。一切時中，自性自如。」

常禮謝執侍，終師之世。

【譯文】

僧人智常，信州貴溪人。幼年時就出家為僧了，立志求得識見本性。一天他來參拜禮敬惠能大師。

惠能大師問：「你從哪裡來，想求做什麼？」

智常說：「弟子我不久前到洪州白峰山禮敬大通和尚，承蒙開示識見本性、成就佛道的教義，但是還沒有解決我心中的狐疑。大老遠地跑來禮敬大師，乞望大師慈悲指授開示我。」

惠能大師說：「你在大通和尚那裡參禮，有些什麼對話，你先列舉一些我來給你看看。」

智常說：「智常我到大通和尚那裡，大約住了三個月，仍沒有受到開示和教誨。因為求法心切的緣故，一天傍晚我一個人來到方丈室，向大通和尚請教什麼是我的本心本性。大通和尚說：『你看到虛空嗎？』我回答說：『看到了。』大通和尚問：『你看到虛空有相貌嗎？』我回答說：『虛空沒有相狀，怎麼會有相狀形貌呢？』大通和尚說：『你的自我本性，就如同虛空，沒有一個事物可以識見，這叫做正見；沒有一個事物可以認知，這叫做真知。沒有青黃長短，只見本源清淨，智慧本體圓明，就叫做識見本性成就佛道，也叫做如來知見。』我雖然聽到這種說法，但仍然並未了解，懇請大師開示。」

惠能大師說：「那位大師所說的，仍然存在著知見，所以讓你沒有了達，我現在給你一個偈吧。」偈說：

不見一法存無見，大似浮雲遮日面。
不知一法守空知，還如太虛生閃電。
此之知見瞥然興，錯認何曾解方便。
汝當一念自知非，自己靈光常顯現。

智常聽了偈後，心意豁然領悟，便敘述了自作的偈：

無端起知見，著相求菩提，
情存一念悟，寧越昔時迷。
自性覺源體，隨照枉遷流，
不入祖師室，茫然趣兩頭。

智常有一天問惠能大師：「佛說有聲聞、緣覺和菩薩三乘教法，卻又說了最上乘的成佛方法，對於這一點弟子還沒有開解，希望您為我指授教化。」

惠能大師說：「你觀照自心，不要執著外境外相。佛法本來是沒有四乘之分的，是因為人自己心中有等差。能夠聽講佛經並轉而念誦的是小乘法，解說佛法義理的是中乘法，依照佛法修行的是大乘法。一切教法都能通達，一切教法都自具備，一切都不被沾染，超離一切法相，且一無所得，這叫做最上乘。乘是修行的意思，不在於口頭上爭論，你需要自己修行，不要問我了。時時刻刻，自我本性如如不動。」

智常禮拜致謝並從此侍奉惠能大師直至去世。

【注釋】

❶ 信州：今江西上饒。貴溪：今江西貴溪。

❷ 大通和尚：五祖弘忍大師弟子神秀上座的諡號。

❸丈室：即禪寺中住持之居室或客殿，今轉為禪林住持或對師父的尊稱。俗稱「方丈」或「方丈和尚」。

❹不見一法存無見：不見一法，指上文大通和尚講的「了無一物可見」。這裡指連「無見」都不應該存在心中，這樣將有礙於明心見性。

❺不知一法守空知：不知一法，指上文大通和尚講的「了無一物可知」，「守空知」就是一種執著，認為真有「無一物可知」。

❻錯認何曾解方便：錯以無知無見為真實。追求「無見」、「空知」也是一種對外在一切現象的執著。

❼著相：執著於相狀。這裡指對「存無見」和「守空知」的執著。

❽情存一念悟，寧越昔時迷：「悟」本是修行所追求的境界，但如果內心存在一個「無」的念頭，或自以為悟了，正好說明沒有覺悟，反而是處在「迷」的情況。

❾三乘：指聲聞、緣覺和菩薩三乘。

❿四乘：三乘加上一乘（佛乘）就是四乘。

⓫最上乘：指大白牛車，比喻得佛乘者。《金剛經》說如來為發大乘者，為發最上乘者。

僧志道，廣州南海人也❶。請益曰：「學人自出家，覽《涅槃經》十載有餘，未明大意，願和尚垂誨。」

師曰：「汝何處未明？」

曰：「『諸行無常❷，是生滅法；生滅滅已，寂滅為樂❸。』於此疑惑。」

師曰：「汝作麼生疑？」

曰：「一切眾生皆有二身，謂色身法身也❹。色身無常，有生有滅；法身有常，無知無覺。經云：生滅滅已，寂滅為樂者，不審何身寂滅？何身受樂？若色身者，色身滅時，四大分散❺，全然是苦，苦不可言樂。若法身寂滅，即同草木瓦石，誰當受樂？又法性是生滅之體，五蘊是生滅之用；一體五用，生滅是常。生則從體起用，滅則攝用歸體。若聽更生，即有情之類，不斷不滅。若不聽更生，則永歸寂滅，同於無情之物。如是，則一切諸法被涅槃之所禁伏❻，尚不得生，何樂之有？」

師曰：「汝是釋子，何習外道斷常邪見❼，而議最上乘法？據汝所說，即色身外別有法身，離生滅求於寂滅。又推涅槃常樂，言有身受用。斯乃執吝生死，耽著世樂。汝今當知佛為一切迷人，認五蘊和合為自體相❽，分別一切法為外塵相，好生惡死，念念遷流，不知夢幻虛假，枉受輪迴❾，以常樂涅槃，翻為苦相，終日馳求。佛愍此故，乃示涅槃真樂，剎那無有生相，剎那無有滅相，更無生滅可滅，是則寂滅現前。當現前時，亦無現前之量，乃謂常樂。此樂無有受者，亦無不受者，豈有一體五用之名？何況更言涅槃禁伏諸法，令永不生，斯乃謗佛毀法。聽吾偈。」曰：

無上大涅槃，圓明常寂照。
凡愚謂之死，外道執為斷；
諸求二乘人，目以為無作；
盡屬情所計，六十二見本[10]。
妄立虛假名，何為真實義？
惟有過量人，通達無取捨。
以知五蘊法，及以蘊中我，
外現眾色象，一一音聲相，
平等如夢幻，不起凡聖見；
不作涅槃解，二邊三際斷[11]。
常應諸根用，而不起用想；
分別一切法，不起分別想。
劫火燒海底，風鼓山相擊，
真常寂滅樂，涅槃相如是。

吾今強言說，令汝捨邪見，

汝勿隨言解，許汝知少分。

志道聞偈大悟，踴躍作禮而退。

【譯文】

僧人志道，廣州南海人。向惠能大師請教：「弟子自從出家以來，閱讀《涅槃經》已經有十多年了，都沒有明白經文大意，希望大師給予教誨。」

惠能大師問：「你是哪裡不明白？」

志道說：「經中有這一句，『諸行無常，是生滅法；生滅滅已，寂滅為樂』。我對這一句疑惑不解。」

惠能大師說：「你有什麼疑惑？」

志道說：「一切眾生都有色身法身這二身。色身是變化的，有生也有死；法身是永恆的，無知也無覺。佛經上說：生滅滅已，寂滅為樂，我不知道是哪一個身寂滅？哪一個身受樂？如果是色身，那麼色身壞滅的時候，由地、水、火、風四大和合組成的色身全部分散了，這是苦，既然苦就不可以說是樂。如果法身寂滅，就如同草木瓦石一樣，誰來承當受樂呢？另外，法性是生滅的本體，五蘊是生滅的功用；一個主體五種功用，生滅應該是永恆不變的。生就是從本體中生起作用，滅就是攝這五種功用而歸還法。如果聽任其再生，那麼所有有情，不會斷滅。如果不任其再生，那就永遠歸於寂滅，等同於草木瓦石等無情之物。這樣，那麼一切法都被涅槃禁伏，尚且不能得再生，又有什麼樂處呢？」

惠能大師說：「你是佛門弟子，怎麼學習外道斷滅和永恆的那類偏見，並以此來議論最上乘佛法？根據你所說的，就是說色身之外還有法身，超離生滅，求得寂滅。又說涅槃常樂，都是說有一個身在受用。你這乃是執著於生死，沉迷於世間享樂。你現在應該知道，一切執迷的人，都把五蘊和合作為自體的實相，區分一切法為外在現象，貪求生存，厭惡死亡，不知道世間一切都是夢幻虛假，徒勞無益，空受輪迴，反而把永恆極樂的涅槃認作為苦相，整天追逐尋求世俗欲念。佛正是由於憐憫他們的原故，才顯示涅槃的真正極樂，瞬間沒有了生的相狀，瞬間沒有了滅的相狀，更沒有生滅這個相狀可以滅，則真正的寂滅出現在眼前。即便當它出現眼前時，也沒有『出現』這個量顯現，這叫做常樂。這個樂沒有承受者，也沒有不承受者，哪裡有所謂的一個本體五種功用的說法？何況還說涅槃禁伏住了一切萬法，使這些一切永遠不得再生，這實在是誹謗佛，誹謗佛法。聽我的偈吧。」偈說：

無上大涅槃，圓明常寂照。
凡愚謂之死；外道執為斷；
諸求二乘人，目以為無作；
盡屬情所計，六十二見本。
妄立虛假名，何為真實義？

惟有過量人，通達無取捨。
以知五蘊法，及以蘊中我，
外現眾色象，一一音聲相，
平等如夢幻，不起凡聖見；
不作涅槃解，二邊三際斷。
常應諸根用，而不起用想；
分別一切法，不起分別想。
劫火燒海底，風鼓山相擊，
真常寂滅樂，涅槃相如是。
吾今強言說，令汝捨邪見，
汝勿隨言解，許汝知少分。

志道聽了偈後大徹大悟，歡喜踴躍，行禮退下了。

【注釋】

❶ 廣州南海：即今天的廣東佛山。

❷ 諸行無常：世間一切現象與萬物經常轉變不息。這是佛法之根本大綱。與諸法無我、涅槃寂靜，

同為「三法印」之一。

❸寂滅為樂：遠離迷惑世界之境地。此境地對處於生死流轉不安的迷界眾生而言，含有快樂之意，故稱「寂滅為樂」。寂滅，是「涅槃」的語譯。

❹色身：指有色有形之身，廣指肉身而言。但佛典中多用以指佛、菩薩的相好身，即相對於無色無形的法身，稱有色有形的身相為「色身」。法身：又名「自性身」，或「法性身」，即指佛所說的正法、佛所得之無漏法，及諸佛所證的真如法性之身。

❺四大分散：人們的肉身，就是由地、水、火、風之堅、濕、暖、動等性所構成的。此四大種性如果不調和，肉身就會散壞，即人的肉體將生病或死亡。

❻涅槃：又譯作「泥日」、「泥洹」、「涅槃那」等。意譯為「滅」、「滅度」、「寂滅」、「安樂」、「無為」、「不生」、「解脫」、「圓寂」等。涅槃的字義，有消散的意思，即苦痛的消除而得自在。也就是滅生死之因果，渡生死之瀑流，達到智悟的菩提境界。

❼斷常：即斷見和常見。斷有滅絕之意，持此見者堅持人死之後身心斷滅不復再生的邪見；常即永恆存在，持此見者堅持身心常住永恆不滅的邪見。

❽五蘊：指構成一切有為法的五種要素，即色蘊、受蘊、想蘊、行蘊、識蘊。蘊，意指積集，舊譯作「陰」、「眾」、「聚」，故「五蘊」又稱「五陰」、「五眾」、「五聚」。

❾輪迴：又作「流轉」、「死」、「生死輪迴」、「生死相續」、「輪迴轉生」、「淪迴」、「輪

轉」等。謂眾生由惑業之因（貪、瞋、癡三毒）而招感「三界」、「六道」之生死輪轉，恰如車輪之回轉，永無止盡，故稱「輪迴」。印度婆羅門教、耆那教等都採用這種理論作為它們的根本教義之一。佛教沿用了這個原則並做了進一步的發展，注入自己的教義。

❿六十二見：指外道的六十二種錯誤的見解。這裡泛指一切錯誤的觀點。

⓫二邊三際：「二邊」是指有、無二邊；「三際」指過去、現在、未來三時，或指外、內、中間三處。

行思禪師❶，生吉州安城劉氏，聞曹溪法席盛化，徑來參禮。遂問曰：「當何所務，即不落階級？」師曰：「汝曾作什麼來？」曰：「聖諦亦不為❷。」師曰：「落何階級？」曰：「聖諦尚不為，何階級之有？」師深器之，令思首眾。一日，師謂曰：「汝當分化一方，無令斷絕。」思既得法，遂回吉州青原山，弘法紹化。諡弘濟禪師。

懷讓禪師❸，金州杜氏子也。初謁嵩山安國師❹，安發之曹溪參扣。讓至禮拜。

師曰：「甚處來？」

曰：「嵩山。」

師曰：「什麼物，恁麼來？」

曰：「說似一物即不中❺。」

師曰：「還可修證否？」

曰：「修證即不無❻，污染即不得。」

師曰：「只此不污染，諸佛之所護念。汝既如是，吾亦如是。西天般若多羅讖❼：『汝足下出一馬駒，踏殺天下人❽。』應在汝心，不須速說！」

讓豁然契會，遂執侍左右一十五載，日臻玄奧。後往南嶽，大闡禪宗。

【譯文】

行思禪師，生於吉州安城劉氏家中，聽說曹溪惠能大師流布佛法，影響廣大，就直接來參拜惠能大師。

行思禪師便問：「應當怎麼做，就不會落入有階級的漸修？」

惠能大師說：「你曾經做什麼呢？」

行思禪師說：「我連聖諦也不修。」

惠能大師說：「那落到哪個階級了？」

行思禪師說：「連聖諦都不修，哪還會有什麼階級存在？」

惠能大師十分器重他，讓行思做了首座。一天，惠能大師說：「你應當單獨教化一方，不要讓佛法斷絕。」

行思領受了教法，就回到吉州青原山，弘傳佛法，廣為教化。謚弘濟禪師。

懷讓禪師，金州杜氏的兒子。最初拜嵩山慧安國師，慧安國師讓他到曹溪山來參拜惠能大師。懷讓禪師來到曹溪山並禮拜惠能大師。

惠能大師說：「從哪裡來？」

懷讓禪師說：「嵩山。」

惠能大師說：「是什麼東西，怎麼來的？」

懷讓禪師說：「說像一個東西就不是了。」

惠能大師說：「還可以修行證悟嗎？」

懷讓禪師說：「修行證悟就不是無，受到浸染就不可得了。」

惠能大師說：「具有不受污染這一點，是所有佛所共同護念的。你就是這樣，我也是這樣。西天竺的般若多羅法師曾經預言：『在你的門下將要出現一匹小馬駒，他的智慧可以征服天下人。』這個預言將應證在你身上，等待時機，不必過早地說出來。」

懷讓豁然契悟，便侍奉惠能大師身邊十五年，越來越修證到玄妙深奧的境界。後來去了南嶽衡山，大力闡揚禪宗。

【注釋】

❶行思禪師（六七一—七四〇）：吉州安城人，俗姓劉。幼年出家，從六祖惠能學法。與南嶽懷讓並稱二大弟子，同嗣六祖法脈。後住吉州青原山靜居寺，故號「青原行思」。門徒雲集，禪風大振。其後又自此法系衍出雲門、曹洞、法眼等三系。

❷聖諦：即指聖者所知一切寂靜的境界，乃佛教之根本大義，所以又稱「第一義」、「真諦」。諦，即真實不虛的道理。

❸懷讓禪師（六七七—七四四）：金州安康人。惠能圓寂後，得嗣其法並於南嶽般若寺觀音台弘教傳禪。到他的弟子馬祖道一時，懷讓一系禪宗興盛起來，被稱為「南嶽一系」。其後又自此法系衍出為仰和臨濟兩系。

❹安國師：弘忍的弟子之一，曾常住於嵩山。

❺說似一物即不中：禪宗認為，人的本心和本性是離言絕相的，明心見性的禪境體驗不能以言語來確切描述。不中，即不行，不可以。

❻修證：即指修行與證悟。

❼西天：指天竺。般若多羅：又稱「瓔珞童子」。是禪宗所立西天二十八祖中之第二十七祖。東天竺人，婆羅門種。約二十歲遇二十六祖不如蜜多，受付囑而成為西天第二十七祖。讖：指預言。

❽「汝足下」兩句：指懷讓門下出現馬祖道一之後，禪宗將更加的興盛。

永嘉玄覺禪師❶，溫州戴氏子，少習經論，精天臺止觀法門❷。因看《維摩經》，發明心地。偶師弟子玄策相訪，與其劇談，出言暗合諸祖。

策云：「仁者得法師誰？」

曰：「我聽方等經論，各有師承。後於《維摩經》，悟佛心宗，未有證明者。」

策云：「威音王已前即得❸，威音王已後，無師自悟，盡是天然外道。」

曰：「願仁者為我證據。」

策云：「我言輕，曹溪有六祖大師，四方雲集，並是受法者。若去，則與偕行。」

覺遂同策來參。繞師三匝，振錫而立。

師曰：「夫沙門者❹，具三千威儀，八萬細行❺。大德自何方而來❻，生大我慢？」

覺曰：「生死事大，無常迅速。」

師曰：「何不體取無生，了無速乎？」
曰：「體即無生，了本無速。」
師曰：「如是！如是！」
玄覺方具威儀禮拜，須臾告辭。
師曰：「返太速乎？」
曰：「本自非動，豈有速耶？」
師曰：「誰知非動？」
曰：「仁者自生分別。」
師曰：「汝甚得無生之意。」
曰：「無生豈有意耶？」
師曰：「無意誰當分別？」
曰：「分別亦非意。」
師曰：「善哉！少留一宿。」
時謂「一宿覺」。後著《證道歌》，盛行於世。

【譯文】

永嘉玄覺禪師，溫州戴氏的兒子，小時候學習經論，精通天臺宗的止觀教義。因為看了《維摩經》（又稱《維摩詰經》），認識了自心本性。偶然，惠能大師的弟子玄策來訪，和他大談佛理，永嘉玄覺所說的話都與佛祖的真義隱隱相合。

玄策說：「你師從何人而得法？」

永嘉玄覺說：「我聽大乘經典，都各有師承關係。後來在讀《維摩經》時，開悟佛心宗，還沒有得到人印證我的見解。」

玄策說：「在威音王佛以前，無師自通是可以的，在威音王佛之後，沒有師承傳授而自我開悟，自然全部是外道。」

永嘉玄覺說：「希望你能為我印證。」

玄策說：「我人微言輕，不足以為你印證。曹溪山有六祖惠能大師，四面八方的人都雲集在他那裡，並且都是受得正法的。你如果想去，我就和你同行。」

永嘉玄覺便隨同玄策來參禮六祖惠能大師。玄覺繞著惠能走了三圈，舉著錫杖一振，站在那裡不動。

惠能大師說：「出家人，應該具有三千威儀、八萬細行等種種戒律儀軌。大德你是從哪裡來，對我生起如此大的傲慢和不敬？」

玄覺說：「人的生死才是大事，且無常交替迅速，變化很快。」

惠能大師說：「為什麼不體悟領受無生無死，明瞭這無常迅速的道理呢？」
玄覺說：「體悟的就是無生無死，明瞭的就是無常迅速。」
惠能說：「是這樣！是這樣！」
玄覺這才整肅儀容向惠能大師禮敬參拜，一會兒便向大師告辭欲走。
惠能大師說：「你這就返回，太快了吧？」
玄覺說：「本來就沒有動與不動，哪裡有快和不快？」
惠能大師說：「誰能知道不是動呢？」
玄覺說：「這是您自己生起了分別之心。」
惠能大師說：「你已經十分了解無生無死的道理了。」
玄覺說：「無生無死難道還有意義嗎？」
惠能大師說：「沒有意義誰能分別它呢？」
玄覺說：「分別本身也沒有意義。」
惠能大師說：「好啊！小住一晚吧。」
當時稱之為「一宿覺」。後來永嘉玄覺作了《證道歌》，流傳盛行於世間。

【注釋】

❶永嘉玄覺禪師：即《永嘉證道歌》的作者，溫州永嘉人，俗姓戴，字明道，號永嘉玄覺。八歲出家，博探三藏，尤通天臺止觀。後於溫州龍興寺側岩下自構禪庵，獨居研學，常修禪觀。偶因左溪玄朗之激勵，遂起遊方之志，與東陽玄策共遊方尋道。至韶陽時，謁曹溪惠能，與惠能相問答而得其印可，惠能留之一宿，翌日即歸龍興寺，時人稱之「一宿覺」。其後，學者輻湊，號真覺大師。玄朗贈書招之山棲，師復書辭退。後趺坐入寂，世壽四十九。法嗣有惠操、惠特、等持、玄寂等人。著作有《禪宗永嘉集》十卷（慶州刺史魏靖輯）、《證道歌》一首、《禪宗悟修圓旨》一卷等。

❷天臺止觀法門：天臺，即天臺宗，乃中國佛教宗派之一。因注重《法華經》，所以也稱「法華宗」。天臺宗主張「定」（止）、「慧」（觀）為修行的主要內容，所以用「止觀法門」概括天臺宗的理論和實踐。

❸威音王：又作「寂趣音王佛」。乃過去莊嚴劫最初之佛名。「威音王已前」為禪宗僧人常用語，用以指點學人自己本來面目之語句，意同「父母未生以前」、「天地未開以前」等語。蓋威音王佛乃過去莊嚴劫最初的佛名，故以之表示無量無邊的久遠之前。

❹沙門：意譯為「勤息」、「勤勞」、「功勞」、「勤懇」、「靜志」、「息止」、「息心」、「息惡」、「修道」、「乏道」、「貧道」等，即勤修佛道和息諸煩惱的意思，為出家修道者的通稱，即指剃除鬚髮，止息諸惡不善，調御身心，勤修諸善，以期證得涅槃境界。

❺三千威儀，八萬細行：為佛弟子持守日常威儀的做法。僧人的動作有威德有儀則，稱為「威儀」；戒律之外的各種微細的儀則規定，稱為「細行」。「三千」、「八萬」喻數量之多，並非實數。綜合而言，「三千威儀，八萬細行」指有關比丘行、住、坐、臥「四威儀」中，所應注意的細行。

❻大德：印度對佛菩薩或高僧的敬稱。比丘中之長老，也稱「大德」。中國，不以「大德」一詞稱佛菩薩，而作為對高僧的敬稱。

禪者智隍，初參五祖，自謂已得正受❶。庵居長坐❷，積二十年。師弟子玄策，游方至河朔，聞隍之名，造庵問云：「汝在此作什麼？」

隍曰：「入定❸。」

策云：「汝云入定，為有心入耶，無心入耶？若無心入者，一切無情草木瓦石，應合得定；若有心入者，一切有情含識之流，亦應得定。」

隍曰：「我正入定時，不見有有無之心。」

策云：「不見有有無之心，即是常定，何有出入？若有出入，即非大定❹！」

隍無對。良久，問曰：「師嗣誰耶？」

策云：「我師曹溪六祖。」

隍云：「六祖以何為禪定？」

策云：「我師所說，妙湛圓寂，體用如如❺，五陰本空❻，六塵非有❼。不出不入，不定不亂。禪性無住，離住禪寂。禪性無生，離生禪想。心如虛空，亦無虛空之量。」

隍聞是說，徑來謁師。

師問云：「仁者何來？」

隍具述前緣。

師云：「誠如所言，汝但心如虛空，不著空見，應用無礙，動靜無心，凡聖情忘，能所俱泯❽，性相如如❾，無不定時也。」

隍於是大悟，二十年所得心，都無影響。其夜河北士庶聞空中有聲云：「隍禪師今日得道！」隍後禮辭，復歸河北，開化四眾❿。

【譯文】

智隍禪師，最初參拜五祖弘忍，自己宣稱已經得到了正宗傳授。智隍居住在庵室裡長期打坐，累計二十年了。惠能大師的弟子玄策，遊歷到河北一帶，聽說了智隍的名聲，便造訪智隍的庵室，問：「你在這裡幹什麼？」

智隍回答說：「入定。」

玄策問：「你說入定，是有心念入定呢，還是無心念入定呢？如果是無心念入定的，一切的草木瓦石無情眾生，應該都能達到入定；如果是有心念入定的，一切含有意識的有情眾生之類，也應該能達到入定。」

智隍說：「當我真正入定時，看不到我有『有無』的心念。」

玄策說：「看不到『有無』的心念，就是常定，怎麼又有出入之分呢？如果有出有入，那就不是真正的定了！」

智隍無言以對。過了很久，問玄策：「你師承的是誰啊？」

玄策說：「我的師父是曹溪山六祖惠能大師。」

智隍問：「六祖惠能大師認為什麼是禪定？」

玄策說：「我師父說，法身圓融玄妙湛然常寂，性相體用一如，五蘊和合，本來是空，六塵也不是真實存在。既不出，也不入，不執於定，不生散亂心。禪的本性是不執無滯的，要住禪寂。禪性無生，要超離執著禪的念想。心如同虛空一樣，不存在對虛空的度量。」

智隍聽到這樣說法，直接來拜謁六祖惠能大師。

惠能大師問：「你從哪裡來？」

智隍把遇到玄策的因緣全部描述了一遍。

惠能大師說：「正像玄策說的那樣，你只要心如虛空一般，又不執著於對空的妄見，自如應用，沒有滯礙，對於動靜，不生其心，世俗和聖境全部兩忘，主觀和客觀對象能夠一齊泯絕，性相如一，就無時無刻不在禪定之中，沒有不禪定的時刻了。」

智隍於是大徹大悟，二十年修行所得的執著之心，剎那間都沒有留下影響。那天夜裡黃河以北的官吏和百姓都聽到空中有聲音說：「智隍禪師今天得成佛道了！」智隍後來禮敬告辭，又回到了黃河以北，開示教化大眾。

【注釋】

❶正受：是「禪定」的異名。正，即定心而離邪念。受，指無念無想而納法在心。因此正受即遠離邪想而領受所緣之境的狀態。即入定時，以定力使身、心領受平等安和之相。

❷庵：以草木覆蓋而成之簡陋小屋。乃出家者、退隱者遠離村落所居之房舍，以作為修行之處。

❸入定：入於禪定的意思，即攝馳散之心，入安定不動之精神狀態。有時得道者的示寂，也稱為「入定」。這裡指前者。

❹大定：為佛的三德（大定、大智、大悲）之一，佛心澄明寂靜叫做「大定」。以大定可斷除一切妄惑，故又稱「大定」為「斷德」。這裡可以被看成是禪宗的禪定理論。

❺體用：指諸法之體性與作用。

❻五陰：與「五蘊」同。

❼六塵：指色塵、聲塵、香塵、味塵、觸塵、法塵等六境，又作「外塵」、「六賊」。塵即染污的意思，以「六識」緣「六境」而遍污「六根」，能昏昧真性，故稱為「塵」。此「六塵」在心之外，故稱「外塵」。此「六塵」猶如盜賊，能劫奪一切之善法，故稱「六賊」。

❽能所：即「能」與「所」的並稱。自動之法（主體）叫做「能」，被動之法（客體）叫做「所」。例如能見物的「眼」，稱為「能見」；為眼所見的「物」，稱為「所見」。又譬如「六根」對「六塵」，「六根」是「能緣」，「六塵」為「所緣」。總之，「能」與「所」具有相即不離與體用因果的關係，故稱「能」「所」一體。

❾性相如如：指體性與相狀。不變而絕對的真實本體，或事物的自體稱為「性」；差別變化的現象和相狀稱為「相」。性與相其實無異，僅名稱有別。說性即說相，說相即說性。如說火性即說熱相，說熱相即說火性。如如，是不動、寂默、平等不二、不起顛倒分別的自性境界。如理智所證得的真如叫做「如如」。

❿四眾：指構成佛教教團的四種弟子眾，又稱「四輩」、「四部眾」、「四部弟子」。有兩種含義：其一指出家之四眾，即比丘、比丘尼、沙彌、沙彌尼。其二指僧俗四眾，即比丘、比丘尼、優婆塞、優婆夷。

一僧問師云：「黃梅意旨❶，甚麼人得？」

師云：「會佛法人得。」

僧云：「和尚還得否？」

師云：「我不會佛法❷。」

師一日欲濯所授之衣，而無美泉。因至寺後五里許，見山林鬱茂，瑞氣盤旋，師振錫卓地，泉應手而出。積以為池，乃跪膝浣衣石上。忽有一僧來禮拜，云：「方辯是西蜀人。昨於南天竺國，見達磨大師，囑方辯速往唐土：吾傳大迦葉正法眼藏❸，及僧伽梨❹，見傳六代，於韶州曹溪，汝去瞻禮。方辯遠來，願見我師傳來衣缽。」

師乃出示。次問：「上人攻何事業？」

曰：「善塑。」

師正色曰：「汝試塑看。」

辯罔措。過數日，塑就真相，可高七寸，曲盡其妙。

師笑曰：「汝只解塑性，不解佛性。」

師舒手摩方辯頂。曰：「永為人天福田。」

有僧舉臥輪禪師偈曰❺：

臥輪有伎倆，能斷百思想。

對境心不起，菩提日日長。

師聞之，曰：「此偈未明心地。若依而行之，是加繫縛。」

因示一偈曰：

惠能沒伎倆，不斷百思想；

對境心數起，菩提作麼長？

【譯文】

有一個僧人問惠能大師：「黃梅五祖弘忍大師的衣鉢，什麼人得到了？」

惠能大師說：「領會佛法的人得到了。」

僧人問：「大師您得到了嗎？」

惠能大師說：「我不明白佛法。」

有一天，惠能大師想洗滌一下五祖弘忍大師所傳的袈裟，可是周圍沒有上好的清泉。因此大師來到寺廟後面五里遠的地方，看到這裡山林蔥鬱茂密，有祥瑞之氣籠罩盤旋，惠能大師舉起錫杖在地上一戳，泉水立刻湧了出來。積成了一個水池，惠能大師便跪在石頭上洗著袈裟。忽然有一個僧人來禮敬參拜，說：「我方辯是西蜀人。昨天在南天竺國，見到達磨大師，他囑咐我趕快到唐國來，達磨大師說他所傳大迦葉的真正教法及法衣，現在傳到第六代祖，目前在韶州曹溪山，你去瞻仰禮拜他。我遠道而來，希望能得見達磨祖師所傳之袈裟。」

惠能大師取出袈裟展示給他看。隨後問：「你擅長什麼事呢？」

方辯說：「擅長雕塑。」

惠能嚴肅地說：「你試著雕給我看看。」

方辯一時迷惘無措。過了幾天，雕好了一尊佛像，高七寸，曲盡其妙，十分逼真。

惠能大師笑著說：「你只理解了雕塑之特性，不理解佛性。」

惠能大師用手撫摩方辯的頭頂說：「希望你生生世世都成為人天種福之田。」

有一個僧人展示了臥輪禪師的一首偈：

臥輪有伎倆，能斷百思想。
對境心不起，菩提日日長。

惠能大師聽了說：「這個偈還沒有明見自性。如果按照這個偈來修行，是更增加了束縛。」

因此開示了一個偈，說：

惠能沒伎倆，不斷百思想；
對境心數起，菩提作麼長？

【注釋】

❶黃梅意旨：這裡指五祖弘忍的教法。

❷我不會佛法：這一句話強調禪宗自證自悟，主張徒弟不能從老師那裡獲得什麼現成的東西。

❸大迦葉：是「摩訶迦葉波」的簡稱，佛十大弟子之一，有「頭陀第一」、「上行第一」等稱號。大迦葉是王舍城摩訶娑陀羅村人，大富婆羅門尼拘盧陀羯波之子。以誕生於畢鉢羅樹下，故取名「畢鉢羅耶那」；又因出自大迦葉種，而稱「大迦葉」。出家不久後，遇見佛陀，蒙受教化。八日後，發正智，脫卻自身僧伽梨以奉佛，並穿著佛陀所授之糞掃衣，證得阿羅漢果。大迦葉在俗時，以富裕聞名，然於出家後，少欲知足，常行頭陀行。又，古來以大迦葉為付法藏第一祖，尤以「拈花微笑」的故事，為禪家所傳頌，並據此尊大迦葉為禪宗天竺初祖。正法眼藏：亦名「清淨法眼」。「正法眼」指佛的心眼徹見正法；「藏」的意思為深廣而萬德含藏。禪宗用正法眼藏來稱其教外別傳的心印。

❹僧伽梨：為「三衣」之一。即九條以上的衣服。因必須割截後才能製成，所以稱為「重衣」、「複衣」、「重復衣」。又因其條數多，所以稱為「雜碎衣」。一般是在外出及其他莊嚴儀式時穿，如入王宮、聚落、乞食，及升座說法、降伏外道等時候穿，故稱「入王宮聚落衣」。又以其為諸衣中最大者，故稱「大衣」。

❺臥輪禪師：此禪師事蹟不詳。

頓漸品第八

本品講述了神秀、惠能兩宗分別於曹溪、荊南盛化，世稱為南能北秀，於是有了南北二宗頓漸之分。兩位宗主雖然不分彼此，但弟子們卻起了愛憎之心，北宗神秀與南宗惠能門下徒眾生起分歧爭議。北宗門徒志誠潛來聽法，為惠能察覺，針對北宗「住心觀淨，長坐不臥」長期打坐的禪法，惠能批判了北宗禪的弊病，認為常坐拘身，於理無益，後向志誠開示南宗禪法，使之當下契悟，並教示戒定慧行相，認為戒定慧為自我本性先天具有。接著交代了北宗門人託志徹前來行刺六祖惠能，而為大師教化開悟一事。還有神會前來參禮，由開始的逞能自傲到後來對六祖禮拜悔謝的事由。

時，祖師居曹溪寶林，神秀大師在荊南玉泉寺❶。於時兩宗盛化，人皆稱南能北秀，故有南北二宗頓漸之分。而學者莫知宗趣。師謂眾曰：「法本一宗，人有南北；法即一種，見有遲疾。何名頓漸？法無頓漸，人有利鈍，故名頓漸。」

然秀之徒眾，往往譏南宗祖師：「不識一字，有何所長？」

秀曰：「他得無師之智❷，深悟上乘，吾不如也。且吾師五祖，親傳衣法，豈徒然哉？吾恨不能遠去親近，虛受國恩。汝等諸人毋滯於此，可往曹溪參決。」一日，命門人志誠曰❸：「汝聰明多智，可為吾到曹溪聽法。若有所聞，盡心記取，還為吾說。」

志誠稟命至曹溪，隨眾參請，不言來處。時祖師告眾曰：「今有盜法之人，潛在此會。」志誠即出禮拜，具陳其事。師曰：「汝從玉泉來，應是細作❹。」

對曰：「不是。」

師曰：「何得不是？」

對曰：「未說即是，說了不是。」

師曰：「汝師若為示眾？」

對曰：「常指誨大眾，住心觀靜，長坐不臥。」

師曰：「住心觀靜，是病非禪。長坐拘身，於理何益？聽吾偈。」曰：

生來坐不臥，死去臥不坐；
一具臭骨頭，何為立功課❺？

【譯文】

那時，惠能大師在曹溪山寶林寺，神秀大師在荊南玉泉寺。故而當時兩大宗派興盛教化，被人們稱為「南能北秀」，有南宗北宗、頓教漸教的分別。然而學道修禪的人們並不知道他們的宗義和旨趣。惠能大師對眾人說：「佛法本是一種宗義，因為傳法之人有南北，才有了南宗北宗的區分；佛法就是一種，只是識見悟性有快有慢，才有了頓悟漸悟的區分。什麼叫頓悟漸悟？佛法本身沒有頓悟漸悟之分，人的根器有敏銳和愚鈍才有頓悟漸悟之分，所以稱之為頓漸。」

然而神秀大師的弟子門人，往往譏諷南宗六祖惠能大師：「不識一個字，能有什麼過人之處呢？」

神秀大師說：「惠能得到了不需要師父傳授而自悟自通的智慧，深入見悟最上乘智慧，我比不上他。並且我師父五祖弘忍大師親自傳授衣缽和教法給他，難道是白費氣力的嗎？我只恨不能遠道去與他多交流，在這裡白白地受領國家對我的恩寵。你們不要總是滯留在我的身邊，可以前往曹溪山參訪學習。」神秀大師這天對弟子志誠說：「你聰明而且智慧多多，可以為我去曹溪山聽惠能大師的教法。如果聽到什麼，盡力地記住，回來再告訴我。」

志誠奉命來到曹溪山，跟隨著大眾向惠能大師參學請益，沒有說明自己是從哪裡來的。當時，惠能大師向大眾宣告說：「今天有偷聽教法的人，潛藏在這裡。」志誠立刻出來禮敬參拜，全部陳述了來這裡的因由。惠能大師說：「你從玉泉寺來，那就是奸細了。」

志誠說：「我不是。」

惠能大師說：「何以見得你不是？」

志誠說：「我沒有說明來意可以說是奸細，表明來意就不能算是了。」

惠能大師說：「你師父神秀大師是如何開示大眾的？」

志誠說：「師父常常指授教誨大眾守住本心，觀想清淨，長期靜坐，不要睡覺。」

惠能大師說：「住心觀靜，這是錯誤的，這不是修禪。常期靜坐，拘束身體，對參悟佛法真意並沒有什麼幫助。聽我的偈吧。」偈說：

生來坐不臥，死去臥不坐；

一具臭骨頭，何為立功課？

【注釋】

❶ 荊南玉泉寺：古本作「荊南當陽山玉泉寺」。《景德傳燈錄》作「荊州當陽山度門寺」。

❷ 無師之智：無師而獨自覺悟的佛智，指非借他力，不待他人教而自然成就之智慧。如佛所證得之智慧，非由師教或外力而得；又如緣覺（獨覺）聖者，觀諸法因緣生滅，不待師教而證成覺智。

❸ 志誠：即志誠禪師，吉州太和人。年少時於荊南當陽山玉泉寺事奉神秀禪師。

❹ 細作：奸細，間諜。

❺「一具」兩句：人應當明心見性、一覺悟即證得佛地，不需要在臭皮囊上強下功夫，而執著於禪坐形式，長時間不躺臥地約束身體坐禪而不臥。

志誠再拜曰：「弟子在秀大師處，學道九年，不得契悟❶。今聞和尚一說，便契本心。弟子生死事大，和尚大慈，更為教示。」

師云：「吾聞汝師教示學人戒定慧法，未審汝師說戒定慧行相如何❷？與吾說看。」

誠曰：「秀大師說：諸惡莫作名為戒，諸善奉行名為慧，自淨其意名為定。彼說如此，未審和尚以何法誨人？」

師曰：「吾若言有法與人，即為誑汝。但且隨方解縛，假名三昧。如汝師所說戒定慧，實不可思議；吾所見戒定慧又別。」

志誠曰：「戒定慧只合一種，如何更別？」

師曰：「汝師戒定慧接大乘人，吾戒定慧接最上乘人，悟解不同，見有遲疾。汝聽吾說，與彼同否？吾所說法，不離自性。離體說法，名為相說❸，自性常迷。須知一切萬法，皆從自性起用，是真戒定慧法。聽吾偈。」曰：

心地無非自性戒，

心地無癡自性慧，

心地無亂自性定，

不增不減自金剛，

身去身來本三昧。

誠聞偈，悔謝，乃呈一偈曰：

五蘊幻身，幻何究竟？

回趣真如，法還不淨。

師然之。復語誠曰：「汝師戒定慧，勸小根智人；吾戒定慧，勸大根智人。若悟自性，亦不立菩提涅槃，亦不立解脫知見；無一法可得，方能建立萬法。若解此意，亦名佛身，亦名菩提涅槃，亦名解脫知見。見性之人，立亦得，不立亦得。去來自由，無滯無礙。應用隨作，應語隨答，普見化身，不離自性，即得自在神通❹，遊戲三昧❺，是名見性。」

志誠再啟師曰：「如何是不立義？」

師曰：「自性無非、無癡、無亂，念念般若觀照，常離法相，自由自在，縱橫盡得，有何可立？自性自悟，頓悟頓修，亦無漸次，所以不立一切法。諸法寂滅，有何次第？」

志誠禮拜，願為執侍，朝夕不懈。

【譯文】

志誠兩次禮拜惠能大師說：「弟子我在神秀大師那裡，參學已有九年，沒有得到契證開悟。今天聽大師您這麼一說，就契合了本心。弟子認為解脫生死是件大事，希望大師慈悲為懷，再給我一些教化開示。」

惠能大師說：「我聽說你師父教授開示弟子戒定慧法，不清楚你師父是如何說戒定慧的相狀的？你給我說說看。」

志誠說：「神秀大師說，一切惡行不要造作叫做戒，一切善念全都奉行叫做慧，自己清淨意念叫做定。神秀大師是那樣說的，不清楚大師您用什麼教法教誨大眾？」

惠能大師說：「我如果說有教法給你，那就是騙你。只是根據不同情況，方便說法，解除束縛，借用修行三昧的假名。像你師父說的戒定慧，實在是不可思議；我所認識的戒定慧和他不同。」

志誠說：「戒定慧只應該有一種，怎麼還有分別？」

惠能大師說：「你師父的戒定慧接引大乘根器的人，我的戒定慧接引上乘根器的人，領悟理解不盡相同，識見自我心性有快有慢。你聽我說的和他說的相同嗎？我所說的教法，不離開自我本性。離開自性本體說法，叫做執著相狀上說法，自己的心念常常愚迷。要知道一切事物和現象，都從自性中生起運用，這是真正的戒定慧法。聽我的偈吧。」偈所說：

心地無非自性戒，

心地無癡自性慧，
心地無亂自性定，
不增不減自金剛，
身去身來本三昧。

志誠聽了偈以後悔悟拜謝，便呈上一個偈說道：

五蘊幻身，幻何究竟？
回趣真如，法還不淨。

惠能大師稱許肯定。又告訴志誠說：「你師父所說的戒定慧，是勸誡小根器的人；我所說的戒定慧，是勸誡大根器的人。如果開悟了自我本性，也就不用再立菩提涅槃，也不用立對解脫的認識和見解；沒有一個法可以得，才能建立一切法。如果理解了這個本意，就叫做佛，也叫做菩提涅槃，也叫做解脫知見。識見本性的人，立這些名也能得法，不立這些名也能得法。去來自由，沒有滯留、沒有妨礙。應用自如，隨緣運作，根據語言隨機答對，全部識見一切化身而又不離自我本性，這就得到隨緣變化、自在無礙的神通，到達了遊戲三昧的境界，叫做識見本性。」

志誠再次拜謝大師並稟告說：「什麼是不立之義？」

大師說：「自我本性沒有是非、沒有愚癡、沒有散亂，時時運用智慧觀照，常常超離法相，自由自在，或縱或橫全部都有所得，有什麼佛法可以立呢？自己開悟自我本性，頓悟頓修，也沒有漸次順序，所以不需要立任何佛法。一切法都寂滅了，還有什麼次第順序呢？」

志誠禮拜惠能大師，願意侍奉大師，早晚不停歇。

【注釋】

❶契悟：與本心契合而開悟，對本心的認識和體驗。

❷戒定慧行相：行相原指行事的相狀，即一切心在認識對象時的狀態。這裡可以簡單地解釋為「具體內容」，即戒定慧的具體內容。

❸相說：即執著於虛幻不實的現象的講說，不是具有真理性的講說。是一種住相之談。

❹神通：神為「不測」的意思，通為「無礙」的意思。不可測又無礙的力量，即所謂的「神通」或「通力」。一般講神通有神足通、天眼通、天耳通、他心通、宿命通、漏盡通六種。

❺遊戲三昧：佛菩薩遊於神通，化人以自娛樂，叫做「遊戲」。「三昧」乃「三摩地」的意思，為「禪定」的異稱，即將心專注於一境。遊戲三昧者，猶如無心之遊戲，心無牽掛，任運自如，得法自在。即言獲得空無所得者，進退自由自在，毫無拘束。

僧志徹，江西人，本姓張，名行昌，少任俠。自南北分化，二宗主雖亡彼我，而徒侶競起愛憎。時北宗門人，自立秀師為第六祖，而忌祖師傳衣為天下聞，乃囑行昌來刺師。師心通，預知其事，即置金十兩於座間。時夜暮，行昌入祖室，將欲加害。師舒頸就之，行昌揮刃者三，悉無所損。

師曰：「正劍不邪，邪劍不正，只負汝金，不負汝命。」

行昌驚仆，久而方蘇，求哀悔過，即願出家。師遂與金，言：「汝且去，恐徒眾翻害於汝。汝可他日易形而來，吾當攝受❶。」行昌稟旨宵遁，後投僧出家，具戒精進❷。

一日，憶師之言，遠來禮覲。師曰：「吾久念汝，汝來何晚？」

曰：「昨蒙和尚捨罪，今雖出家苦行，終難報德，其惟傳法度生乎！弟子常覽《涅槃經》，未曉常無常義❸，乞和尚慈悲，略為解說。」

師曰：「無常者，即佛性也；有常者，即一切善惡諸法分別心也。」

曰：「和尚所說，大違經文。」

師曰：「吾傳佛心印，安敢違於佛經？」

曰：「經說佛性是常，和尚卻言無常；善惡之法乃至菩提心，皆是無常，和尚卻言是常，此即相違，令學人轉加疑惑。」

師曰：「《涅槃經》，吾昔聽尼無盡藏讀誦一遍，便為講說，無一字一義不合經文。乃至為汝，終無二說。」

曰：「學人識量淺昧，願和尚委曲開示。」

師曰：「汝知否？佛性若常，更說什麼善惡諸法、乃至窮劫無有一人發菩提心者？故吾說無常，正是佛說真常之道也。又，一切諸法若無常者，即物物皆有自性，容受生死，而真常性有不遍之處。故吾說常者，正是佛說真無常義。佛比為凡夫外道執於邪常，諸二乘人於常計無常，共成八倒❹。故於涅槃了義教中❺，破彼偏見，而顯說真常真樂真我真淨。汝今依言背義，以斷滅無常，及確定死常，而錯解佛之圓妙最後微言，縱覽千遍，有何所益？」

行昌忽然大悟，說偈曰：

因守無常心，佛說有常性；

不知方便者，猶春池拾礫。

我今不施功，佛性而現前；

非師相授與，我亦無所得。

師曰：「汝今徹也，宜名志徹。」

徹禮謝而退。

【譯文】

僧人志徹，江西人，原來姓張，名字叫行昌，少年時候喜好行俠仗義。自從南宗北宗產生分化之後，兩派宗主神秀大師和惠能大師雖然不分彼此、沒有爭勝，然而他們的弟子徒眾卻競相生起愛憎之心。當時，北宗弟子們，自封神秀大師為禪宗第六代祖師，又忌諱天下人都知道惠能大師得傳衣缽之事，便囑咐行昌來行刺惠能大師。

惠能大師事先預測到了這件事，便放了十兩黃金在座位上。那天天黑了，行昌潛入惠能大師的房間，準備加害大師。大師伸出脖子給他砍，行昌砍了三刀，都一點沒有損傷到惠能大師。

大師說：「正義之劍不會邪惡，邪惡之劍不能正義，我只該給你金錢，不欠你性命。」

行昌驚恐萬狀，撲倒在地，很久才甦醒過來，哀求能夠悔過自新，當即願意出家為僧。大師便給了他金錢，說：「你暫時先去，我擔心我的弟子們反過來要加害你。你可以在其他時間喬裝打扮再來，我自當接受你為徒。」行昌領受大師旨意連夜離開。後來投奔僧人剃度出家，接受戒規，精進修行。

有一天，想起了惠能大師的話，遠道而來拜見大師。大師說：「我念叨你很久了，你為什麼這麼晚才來？」

行昌說：「上次承蒙大師饒恕我的罪過。現在我雖然出家苦苦修行，終究難以報答大恩大德，唯有隨您傳法度眾生。弟子我常常閱覽《涅槃經》，不明白常、無常的教義。懇請大師慈悲，簡單為我解說。」

大師說：「無常，就是佛性；常，就是對一切善惡法的分別心。」

行昌說：「大師，你說的與經文大相徑庭。」

惠能大師說：「我傳授佛法心印，怎麼敢違背佛經呢？」

行昌說：「經文上說佛性是常，大師您卻說佛性是無常；一切善惡事物，甚至無上覺悟，都是無常，大師您卻說是常，這不是與經文相背嗎？這使得我更加增添了疑惑。」

大師說：「《涅槃經》，我曾經聽無盡藏比丘尼念誦過，我給她講說經文大義，沒有一點不符合佛經的。剛才給你講的，也是同樣的道理，不會有別的說法。」

行昌說：「我見識淺薄，希望師父開示。」

惠能大師說：「你知道嗎？如果佛性是常，為什麼還要說善惡諸法，以至於還說從來沒有人發菩提覺悟之心？所以我說佛性無常，是說佛性真實常在。還有，如果說一切事物無常，是說萬事萬物都有自己的體性，用以承受生死，而真實存在的佛性也有不能遍及的地方。所以我說的常，正是佛說的無常。佛知道世俗人和外道將無常看作真實存在，而聲聞和緣覺二乘人，把佛性看作無常。所以出現了常、樂、我、淨、非常、非樂、非我、非淨八種顛倒妄想見。《涅槃經》的教義是破斥這些斷見，指出什麼是真常、真樂、真我、真淨四德。你依據經文文字卻違背經文經義，以有斷滅的現象為無常，而以確定僵死為常，錯誤地理解佛陀最後開示的妙諦。這樣縱使念經千遍，又有何用？」

行昌豁然開悟，說了偈子：

因守無常心，佛說有常性；

不知方便者，猶春池拾礫。
我今不施功，佛性而現前；
非師相授與，我亦無所得。
惠能大師說：「你現在徹底開悟了，你就改名叫志徹吧。」
志徹行禮致謝後便退下。

【注釋】

❶ 攝受：又叫做「攝取」，原指以慈悲心去攝取眾生。這裡是說願意度化並接受志徹為徒。

❷ 具戒：謂比丘、比丘尼之具足戒也，指比丘、比丘尼所應受持之戒律，比丘二百五十戒，比丘尼五百戒。因與沙彌、沙彌尼所受十戒相比，戒品具足，故稱「具足戒」。依戒法規定，受持具足戒即正式取得比丘、比丘尼之資格。

❸ 常無常：世間一切之法，生滅遷流，剎那不住，謂之「無常」；反之則謂之「常」，即指永恆不變，真實不虛假。在此處的對話中，行昌所講的是《涅槃經》的經文，而惠能則是依據禪宗教義對《涅槃經》重新解釋。

❹ 八倒：指凡夫所迷執的八種顛倒的錯誤見解。對生死的無常、無樂、無我、無淨，執定為常、樂、我、淨者，是凡夫的「四倒」；對涅槃的常、樂、我、淨，執定為無常、無樂、無我、無

淨，是二乘人的「四倒」。這兩種「四倒」合起來就是「八倒」。

❺了義教：「了義」指直接、完全顯了述盡佛法道理，而「不了義」則指教法之未能如實詮顯理趣之方便說。二者合稱為「二義」。了義教，即指如實詮顯全部理趣之教法，如諸大乘經說生死、涅槃無異者。

有一童子，名神會❶，襄陽高氏子。年十三，自玉泉來參禮。

師曰：「知識遠來艱辛，還將得本來否？若有本則合識主，試說看！」

會曰：「以無住為本，見即是主。」

師曰：「這沙彌爭合取次語❷！」

會乃問曰：「和尚坐禪，還見不見？」

師以柱杖打三下，云：「吾打汝痛不痛？」

對曰：「亦痛亦不痛。」

師曰：「吾亦見亦不見。」

神會問：「如何是亦見亦不見？」

師云：「吾之所見，常見自心過愆，不見他人是非好惡，是以亦見亦不見。汝言亦痛亦不痛如何？汝若不痛，同其木石；若痛，則同凡夫，即起恚恨。汝向前見、不見是二邊，痛、不痛是生滅。汝自性且不見，敢爾弄人？」

神會禮拜悔謝。

師又曰：「汝若心迷不見，問善知識覓路。汝若心悟，即自見性，依法修行。汝自迷不見自心，卻來問吾見與不見。吾見自知，豈代汝迷？汝若自見，亦不代吾迷。何不自知自見，乃問吾見與不見？」

神會再禮百餘拜，求謝過愆，服勤給侍，不離左右。

一日，師告眾曰：「吾有一物，無頭無尾，無名無字，無背無面，諸人還識否？」

神會出曰：「是諸佛之本源，神會之佛性。」

師曰：「向汝道無名無字，汝便喚作本源佛性。汝向去有把茆蓋頭❸，也只成個知解宗徒❹。」

祖師滅後，會入京洛，大弘曹溪頓教，著《顯宗記》❺，盛行於世，是為荷澤禪師。

師見諸宗難問，咸起惡心，多集座下，愍而謂曰：「學道之人，一切善念惡念，應當盡除。無名可名，名於自性；無二之性，是名實性。於實性上建立一切教門，言下便須自見。」諸人聞說，總皆作禮，請事為師。

【譯文】

有一個童子，名叫神會，襄陽高家的子弟。十三歲時，從神秀主持的玉泉寺來到曹溪山向惠能大師致禮。

惠能大師說：「善知識遠道而來，非常辛苦，還能識見事物的本來面目嗎？如果認識事物的本來面目，就應該識見本體，你先說說看。」

神會說：「事物的本來面目無所住，永遠不會靜止，認識本身就是主體。」

惠能大師說：「這個小師父怎麼說話如此輕率！」

神會說：「大師你坐禪，識見佛性了嗎？」

惠能大師用禪杖打了神會三下子，問：「我打你，痛還是不痛？」

神會說：「也痛也不痛。」

惠能大師說：「那我見了，也沒有見。」

神會問：「什麼叫做也見了，也沒見？」

惠能大師說：「我說見是說常見自己的過錯，不見他人的是非好惡，這是說見到了，也沒見到。那你說也痛也不痛是什麼意思？你如果不痛，你就是和草木瓦石一樣沒有知覺；你如果說痛，那你就和凡夫俗子一樣，會生起怨恨之心。見與不見是兩種偏見，痛和不痛是可以生滅的有為法。你還沒識見本心，怎敢捉弄他人？」

神會禮拜表示悔過。

惠能大師又說：「如果心念愚迷，不能識見本性，就必須找善知識教示。如果心念開悟，識見自性，就依此修行。現在你自已迷誤，不能認識真心，反來問我是否識見佛性。我是否識見佛心，我自己心知肚明，難道這能代替你不迷誤？反之亦然，你如果能夠識見自性也代替不了我的迷誤。為何不去自我識見、自我認識，卻在這裡問我有沒有識見佛性？」

神會再次向惠能大師致禮多達一百多次，請求饒恕，並勤勉地做雜務和服侍大師，不離大師身邊。

有一天，惠能大師告訴大家：「我有一樣東西，沒頭沒尾，沒名沒字，沒背面，沒正面，大家知道是什麼嗎？」

神會起立說道：「是一切佛的本源，是神會的佛性。」

大師說：「對你說了沒名沒字，你卻還要把他叫做本源佛性。你以後即便當了住持，也只能成為一個知解宗徒。」

惠能大師圓寂後，神會到了京師長安與洛陽，大力弘揚惠能大師的頓教法門，著有《顯宗記》，盛行於世，這就是著名的荷澤禪師。

惠能大師看到各宗派之間互相為難指責，弟子們都生起邪惡之心，所以經常召集門人弟子，寬厚憐憫地對大家說：「修行佛道的人，一切善念、惡念，都應該全部除掉。沒有什麼名相可以指稱自我本性；獨具無二、沒有分別的自性叫做實性。在實性的基礎上建立一切教派法門，都必須立刻就能自我識見。」所有人聽了，全都行禮，請求惠能大師教化指授他們。

【注釋】

❶ 神會：在早期禪宗史上，神會（六六八—七六〇）是位舉足輕重的人物，為荷澤宗之祖。襄陽人，俗姓高。年幼時學習五經、老莊、諸史，後來投國昌寺顥元出家。十三歲時，參謁六祖惠能。惠能示寂後，參訪四方，跋涉千里。開元二十年（七三二）設無遮大會於河南滑台大雲寺，與山東崇遠論戰。竭力攻擊神秀一門，確立南宗惠能系之正統傳承與宗旨。並於天寶四年（七四五）著《顯宗記》，定南惠能為頓宗，北神秀為漸教，「南頓北漸」之名由是而起。神會示寂於上元元年（七六〇），世壽九十三，敕諡「真宗大師」。

❷ 沙彌：指佛教僧團中，已受十戒，未受具足戒，年齡在七歲以上、未滿二十歲之出家男子。意譯為「息慈」，即息惡和行慈的意思；又譯作「勤策」，即為大僧勤加策勵的對象。沙彌有三類：七至十三歲，名「驅烏沙彌」，謂其只能驅逐烏鳥。十四至十九歲，名「應法沙彌」，謂正合沙彌的地位。二十至七十歲，名「名字沙彌」，謂在此年齡內，本來應居比丘位，但以緣未及，故尚稱「沙彌」的名字。

❸ 向去有把茆蓋頭：向去，即從偏位向於正位，而從正位向於偏位叫做卻來。茆，即茅草，把茆蓋

頭就是取茅草建草庵以作棲身處。

❹ 知解宗徒：指通過文字來修行的人，即以學習和理解經典文字為修行的僧人。

❺《顯宗記》：全稱「荷澤大師顯宗記」，全一卷，唐代荷澤神會著，收於《景德傳燈錄》卷三十。據傳本書是作者在天寶四年（七四五），於滑台為北宗禪者攻擊時所著，主要敘述南宗頓悟之旨，並論述傳衣在禪宗傳承中的重要性。全文只有六百六十字。內容大體以《金剛般若經》之「般若空智、應無所住而生其心」為立足點，並承繼僧肇之《般若無知論》、《涅槃無名論》，以及六祖惠能《法寶壇經》中〈定慧品〉之思想。

護法品第九

本品記敘了武則天、唐中宗派遣內侍薛簡擬請六祖惠能大師至宮中供養，大師以老疾上表託辭的事由。其後，應薛簡的請求，大師予以開示，為他辨析了北宗所一味強調的坐禪之弊病，認為「道由心悟，豈在坐也」，指明諸法空寂、無生無滅，獲得佛法的真正途徑還在於自性體悟，進而指出「煩惱即菩提」，表明即世間求解脫、不離生死證涅槃的思想主旨。昭示世人立足當下，肯定人生。這對後來近代「人間佛教」具有很深遠的內在指導意義。最後交代了薛簡表奏、朝廷獎諭的事宜。

神龍元年上元日❶，則天中宗詔云❷：「朕請安秀二師❸，宮中供養。萬機之暇，每究一乘❹。二師推讓云：『南方有能禪師，密授忍大師衣法，傳佛心印，可請彼問。』今遣內侍薛簡，馳詔迎請，願師慈念，速赴上京。」

師上表辭疾，願終林麓。

【譯文】

唐中宗神龍元年（七〇五）正月十五日，太后武則天和唐中宗下詔說：「我迎請嵩山慧安和荊南玉泉寺的神秀兩位大師到宮裡來，誠心供養。於日理萬機之中，每有空暇，就向兩位大師請教，研究佛法。兩位大師十分謙讓，都推舉惠能大師。說：『南方有位惠能大師從五祖弘忍大師那裡秘密得受了衣鉢和教法，得傳了佛法的心印，可以迎請他來宮中向他請教。』現在我派遣內侍薛簡傳達詔書來迎請大師，望大師慈悲為懷，立即趕赴京城。」

惠能大師上呈了表章，以身體有疾病為理由推辭了延請，並表示自己願意永遠生活於山林之中，直到終老。

【注釋】

❶ 神龍元年上元日：神龍為唐中宗年號，正月十五日為上元。

❷ 則天中宗：指太后武則天和唐中宗李顯。

❸ 安秀二師：「安」指慧安國師，是弘忍的弟子，曾受到武則天和唐中宗的重視。因常住嵩山，故

又稱「嵩山慧安」。《景德傳燈錄》卷四有傳。「秀」指北宗神秀大師。

❹ 一乘：即指佛乘，又作「一佛乘」、「一乘教」、「一乘究竟教」、「一乘法」、「一道」等。乘為「交通工具」之意，此處指成佛之教法。佛教教義乃唯一之真理，以其能教化眾生悉皆成佛，故稱為「一乘」。

薛簡曰：「京城禪德皆云：『欲得會道，必須坐禪習定；若不因禪定而得解脫者，未之有也。』未審師所說法如何？」

師曰：「道由心悟，豈在坐也？經云：『若言如來若坐若臥，是行邪道。』何故？無所從來，亦無所去，無生無滅，是如來清淨禪❶；諸法空寂，是如來清淨坐。究竟無證，豈況坐耶？」

簡曰：「弟子回京，主上必問。願師慈悲，指示心要，傳奏兩宮，及京城學道者。譬如一燈，然百千燈，冥者皆明，明明無盡。」

師云：「道無明暗，明暗是代謝之義。明明無盡，亦是有盡，相待立名。故《淨名經》云：『法無有比，無相待故。』」

簡曰：「明喻智慧，暗喻煩惱。修道之人，倘不以智慧照破煩惱，無始生死，憑何出離？」

師曰：「煩惱即是菩提，無二無別。若以智慧照破煩惱者，此是二乘見解，羊鹿等機❷；上智大根，悉不如是。」

簡曰：「如何是大乘見解？」

師曰：「明與無明❸，凡夫見二；智者了達，其性無二。無二之性，即是實性。實性者，處凡愚而不減，在賢聖而不增；住煩惱而不亂，居禪定而不寂。不斷不常，不來不去，不在中間，及其內外。不生不滅，性相如如，常住不遷，名之曰道。」

簡曰：「師說不生不滅，何異外道？」

師曰：「外道所說不生不滅者，將滅止生，以生顯滅，滅猶不滅，生說不生。我說不生不滅者，本自無生，今亦不滅，所以不同外道。汝若欲知心要，但一切善惡，都莫思量，自然得入清淨心體，湛然常寂，妙用恆沙。」

簡蒙指教，豁然大悟。禮辭歸闕，表奏師語。

【譯文】

薛簡說：「京城裡的禪師大德都說：『想要領會佛道，必須要坐禪習定；如果不憑藉修禪習定而能夠得到解脫，這樣的人還沒出現過。』不知道大師您所講說的教法是什麼樣子的？」

惠能大師說：「得成佛道要靠自心開悟，怎麼會是在於長期打坐呢？佛經上說：『如果說佛似乎在坐或似乎在臥，那麼就是在修行邪道。』這是什麼原因呢？既沒有所來之處，也沒要去的地方，沒有生成也沒有毀滅，這是佛的清淨禪；一切事物現象虛幻空寂，這是佛的清淨坐。最終的究竟解脫是沒有辦法印證的，更何況長期打坐。」

薛簡說：「弟子我回到京城，太后、皇上必然問起大師的教法心要，希望大師慈悲為懷，給我指點開示要旨心得，我好表奏太后、皇上兩宮，以及京城參學佛道的人士。這好比一盞燈點燃千百萬盞燈，晦暗都得到光明。燈燈光明沒有窮盡。」

惠能大師說：「佛道沒有光明黑暗的區分，光明和黑暗的意義是相互代謝，互為依存。說光明處處沒有盡頭，其實也終究是有盡頭的。光明和黑暗二者是互為對立、互為條件一對概念範疇。所以《淨名經》說：『佛法沒有事物可與比擬，沒有事物可以與之相對應的。』說的就是這個道理。」

薛簡說：「光明比喻智慧，黑暗比喻煩惱。修行佛道的人如果不用智慧觀照破斥煩惱，無始以來的生死靠什麼來超離呢？」

惠能大師說：「煩惱就是菩提，不是兩種東西，它們本質相同，沒有分別。如果要用智慧觀照破斥煩惱，那這就是聲聞和緣覺二乘的見解，是《法華經》上說的乘坐羊車和鹿車的人的見解；有上智和大根器的人，都不是這樣理解的。」

薛簡說：「什麼是大乘的見解呢？」

惠能大師說：「光明智慧和愚迷黑暗，凡夫俗子看到的是兩種東西的不同性質；智慧了達的人則明白他們在本質上是沒有區別的。這種沒有區別、平等一致的本性就是真實佛性。真實佛性，處於凡俗愚迷境地時不會減少，處於賢明聖達的境地時不會增加；處於煩惱中而不散亂，處於禪定中而不寂滅。沒有斷絕沒有永恆，沒有來處沒有去處，也不停留在中間狀態，也不存在於內部和外部。沒有生成和毀滅，本性和相狀真實如一，永恆存在沒有變化，叫做佛道。」

薛簡說：「大師所說的沒有生成和毀滅，與外道有什麼不同之處？」

惠能大師說：「外道所講的沒有生成毀滅，是用毀滅來止斷生成，用生成來顯示毀滅，這種毀滅等於沒有毀滅，生成也可以說沒有生成。我說的沒有生成沒有毀滅，是本來就沒有生成，現在也不存在毀滅，所以是與外道不同的。你如果想要知道心得要旨，只要一切善和惡都不去思維度量它，自然而然悟入清淨本心，湛然明淨，永恆靜寂，其妙用之多，猶如恆河之沙。」

薛簡受到了指點教化，豁然開悟。禮敬辭別惠能大師而回歸宮中，上表報奏了惠能大師的教說。

【注釋】

❶如來清淨禪：「如來禪」的簡稱，《楞伽經》所說「四種禪」之一。由如來直傳之禪或如來所得之禪定，即入於如來地，證得聖智三種樂，為利益眾生而示現不思議之廣大妙用者。另也是「五種禪」（五味禪）之一。宗密將禪分為五種，其中「最上乘禪」稱為如來清淨禪（略稱「如來

禪」），又稱「一行三昧」、「真如三昧」。此禪之旨趣，係頓悟自心本來清淨無有煩惱，具足無漏之智性，且此種清淨心與佛無異，此心即佛。

❷二乘見解，羊鹿等機：二乘即指聲聞乘與緣覺乘。羊、鹿指羊車和鹿車。這裡指二乘發心度化的眾生較少。詳見頁126，注❹。

❸明與無明：明，是智慧、學識。因此，「無明」的語意就是無智。無明是煩惱之別稱，即不如實知見，暗昧事物之意。

其年九月三日，有詔獎諭師曰：「師辭老疾，為朕修道，國之福田。師若淨名，托疾毘耶❶，闡揚大乘，傳諸佛心，談不二法。薛簡傳師指授如來知見，朕積善餘慶，宿種善根，值師出世，頓悟上乘，感荷師恩，頂戴無已。並奉磨衲袈裟❷，及水晶缽，敕韶州刺史修飾寺宇，賜師舊居為國恩寺。」

【譯文】

這一年的九月三日，朝廷下詔褒獎讚譽惠能大師，說：「大師以年老多病辭去召請，一心修行佛道，這是國家的福報啊。大師就如同維摩詰居士一樣，推託有病而居住於毘耶離城中，從而大力弘揚大乘佛法，傳授一切佛的心印，宣講佛性平等無二的教法。薛簡已經上表奏明了大師所傳授的佛智見解，往昔積累的善行使我有了今天的福報，是前世種下的善根，正逢大師出世行化，令我立刻頓悟佛法上乘。承受大師的恩澤，十分感激，致禮不已。同時奉送磨衲袈裟和水晶鉢，命令韶州刺史維修整飾寺廟殿宇，賜名大師的舊居為國恩寺。」

【注釋】

❶ 毘耶：即是毘耶離城，乃維摩詰居士之居處。

❷ 磨衲袈裟：袈裟之一種。相傳乃高麗所產，以極精緻之織物製成。磨，即指紫磨，屬於綾羅類。

付囑品第十

本品主要記敘的是惠能臨終說法的內容，是惠能對自己禪法的總結和概述。惠能先舉出陰、界、入三科法門，即五陰、十二入、十八界，目的在於破除我執。接著以三十六對法闡明佛教中道觀。經中強調了「出沒即離兩邊」、「外於相離相，內於空離空」、「二道相因，生中道義」等禪宗宗旨。記載了惠能自知不久滅度，敦促建造墓塔，與徒眾說「真假動靜偈」。在回答弟子所詢問衣鉢傳授之事時，指明今後世人當以《壇經》為正法，善自護持。還向眾弟子講解了一相三昧、一行三昧。預示了圓寂後會出現有人來盜取首級的劫難，開示了眾人禪宗傳授禪宗心印的法統及歷代祖師的譜系。並再次強調了明心見性、自性真佛的宗旨。最後交代了一些惠能大師滅度後，弟子們處理善後的事情。

師一日喚門人法海、志誠、法達、神會、智常、智通、志徹、志道、法珍、法如等，曰：「汝等不同餘人，吾滅度後❶，各為一方師。吾今教汝說法，不失本宗。「先須舉三科法門❷，動用三十六對，出沒即離兩邊。說一切法，莫離自性。忽有人問汝法，出語盡雙，皆取對法，來去相因。究竟二法盡除❸，更無去處。

「三科法門者，陰界入也。陰是五陰，色、受、想、行、識是也。入是十二入，外六塵，色、聲、香、味、觸、法，內六門，眼、耳、鼻、舌、身、意是也。界是十八界，六塵、六門、六識是也。自性能含萬法，名含藏識。若起思量，即是轉識❹。生六識，出六門，見六塵，如是一十八界，皆從自性起用。

【譯文】

一天，惠能大師叫來了弟子法海、志誠、法達、神會、智常、智通、志徹、志道、法珍、法如等，對他們說：「你們幾個和其他人不一樣，等我去世以後，你們各自要做教化一方的宗師。我現在教你們應當如何說法，才不會失去本宗宗旨。

「說法時首先必須列舉出三科法門，使用三十六對相對法，言語一經說出口就要脫離兩端，不落實處。講說一切法的時候均不能離開自性。若突然有人問你佛法，說出來的話語要全部是對應成雙的，全部要取相對的方法，言語來去要前後相應、互為因果。最後把生滅、有無二法全部掃除乾淨，再沒有什麼可以落執的處所。

「三科法門，就是陰、界、入。陰是五陰，即色、受、想、行、識。入就是十二入，就是身外六塵：色、聲、香、味、觸、法，身內六門：眼、耳、鼻、舌、身、意。界是十八界，就是六塵、六門和六識。自我本性能夠含藏一切事物和現象，這叫做含藏識。如果生起分別思量，就是轉識。生起眼識、耳識、鼻識、舌識、身識、意識這六識，六識通過眼、耳、鼻、舌、身、意六門認識了色、聲、香、味、觸、法六塵，這樣就是十八界，全部是從自性中生起和產生作用的。

【注釋】

❶滅度：即涅槃、圓寂、遷化之意。通過修行而滅障度苦，證得果位，也就是永滅因果，開覺證果。

❷三科：指「五蘊」、「十二處」和「十八界」，或譯「五陰」、「十二入」、「十八界」。從這三方面觀察人及世界，依愚夫迷悟之不同情況，破除我執，從而認識「無我」之理。

❸二法：分諸法為二種。或分為色、心，或分為染、淨，有為、無為，有漏、無漏等。與「二相」意思相同。

❹轉識：轉，意即轉變、改轉。唯識家認為在「八識」之中，除第八識外，其餘的眼、耳、鼻、舌、身、意、末那等「七識」都稱為「轉識」。此「七識」總稱為「七轉識」、「前七轉」等。

前七識以阿賴耶識為所依，緣色、聲等境而轉起，能改轉苦、樂、捨等「三受」，轉變善、惡、無記等「三性」，故稱為「七轉識」。

「自性若邪，起十八邪；自性若正，起十八正。若惡用即眾生用，善用即佛用；用由何等，由自性有。

「對法外境，無情五對：天與地對，日與月對，明與暗對，陰與陽對，水與火對，此是五對也。

「法相語言十二對❶：語與法對，有與無對❷，有色與無色對，有相與無相對❸，有漏與無漏對❹，色與空對❺，動與靜對，清與濁對，凡與聖對，僧與俗對，老與少對，大與小對，此是十二對也。

「自性起用十九對：長與短對，邪與正對，癡與慧對，愚與智對，亂與定對，慈與毒對，戒與非對，直與曲對，實與虛對，險與平對，煩惱與菩提對，常與無常對，悲與害對，喜與瞋對，捨與慳對，進與退對，生與滅對，法身與色身對，化身與報身對，此是十九對也。」

師言：「此三十六對法，若解用，即道貫一切經法，出入即離兩邊。」

【譯文】

「自性如果邪惡執迷，就會生起十八種邪念；自性如果端正，就會生起十八種正念。惡念起用就是眾生之用，善念起用就是佛之用；被惡念所用還是被善念所用，這由什麼來決定，都是由自性決定其所用。

「所謂三十六對法，外界無情的事物有五對：天與地相對，太陽和月亮相對，光明與黑暗相對，陰和陽相對，水和火相對，這是無情的五對。

「事物的本性、相狀和語言方面有十二對：語言與佛法相對、有與無相對、有色與無色相對、有相與無相相對、有漏與無漏相對、色與空相對、動與靜相對、清澈與渾濁相對、凡人與聖人相對、僧人與俗人相對、老與少相對、大與小相對，這是法相語言的十二對。

「自性中生起的作用有十九對：長與短相對、邪見與正見相對、愚癡與聰慧相對、愚笨與智慧相對、亂與定相對、慈悲與毒害相對、戒與非相對、直與曲相對、真實與虛妄相對、險與平相對、煩惱與菩提相對、常與無常相對、悲與害相對、歡喜與瞋怒相對、施捨與吝嗇相對、前進與後退相對、生起與寂滅相對、法身與色身相對、化身與報身相對，這是自性起用的十九對。」

惠能大師說：「這三十六對相對法的教法，如果能夠理解運用，就能貫通一切佛法與經典，與人交談時，進退都能不執兩邊、脫離兩個極端。」

【注釋】

❶法相：指諸法所具本質之相狀（體相），或指其意義內容（義相）。概括一切有生滅變化的現象，也包括永恆的無生滅變化的現象。

❷有與無對：有，即存在、生存的意思，用於顯示諸法的存在，又有實有、假有、妙有等之別。如三世實有；因緣和合而生即假有；圓成實性其體遍常而無生滅，所以說是妙有。無，即與「有」相對，意謂非存在。佛教認為所謂「有」或「無」之二邊（即「偏有」或「偏無」之一方）皆為謬誤；唯有超越「有」與「無」之相對性，始屬絕對之真如。

❸有相與無相對：「有相」和「無相」是對稱。有相，係指差別有形之事相。又具有生滅遷流之相者，亦稱。無相，則指一切諸法無自性，本性為空，無形相可得。

❹有漏與無漏對：「漏」乃流失、漏泄之意；為「煩惱」之異名。人類由於煩惱所產生之過失、苦果，使人在迷妄的世界中流轉不停，難以脫離生死苦海，故稱為「有漏」；若達到斷滅煩惱之境界，則稱為「無漏」。

❺色與空對：色，為物質存在之總稱。空，意譯「空無」、「空虛」、「空寂」、「空淨」、「非有」，指一切存在之物中，皆無自體、實體、我等。

「自性動用，共人言語，外於相離相，內於空離空。若全著相，即長邪見。若全執空，即長無明。執空之人有謗經，直言不用文字。既云不用文字，人亦不合語言；只此語言，便是文字之相。又云，直道不立文字，即此不立兩字，亦是文字。見人所說，便即謗他言著文字，汝等須知自迷猶可，又謗佛經；不要謗經，罪障無數。

「若著相於外，而作法求真；或廣立道場，說有無之過患，如是之人，累劫不得見性。但聽依法修行，又莫百物不思，而於道性窒礙。若聽說不修，令人反生邪念。但依法修行無住相法施。汝等若悟，依此說，依此用，依此行，依此作，即不失本宗。

「若有人問汝義，問有將無對，問無將有對；問凡以聖對，問聖以凡對。二道相因❶，生中道義❷。

「如一問一對，餘問一依此作，即不失理也。設有人問：何名為暗？答云：明是因，暗是緣，明沒即暗。以明顯暗，以暗顯明，來去相因，成中道義。餘問悉皆如此。汝等於後傳法，依此轉相教授，勿失宗旨。」

【譯文】

「自性啟動並生發作用的時候，和別人一起言論，對外在事物不執著它的相狀，對內在心念不執著於空無。如果全部執著於外在的相狀，就增長邪見。如果執著於空無，就增長無明愚癡。執著虛妄空無的人常常會誹謗佛教經典，說不需要文字。既然說不需要文字，那麼就不該有語言文字；只是這樣的語言，就是落入文字之相。又說直行佛道要不立文字，就是『不立』這兩個字，本身就是文字。看到別人所說的，就立刻誹謗別人的言語是執著於文字，你們知道自己愚迷也就罷了，還來誹謗佛經；千萬不要誹謗佛經，那樣的話，罪過障礙會多得無法計數。

「如果執著於外在境相，便會造作種種方法去求取佛道；或者廣泛地建立道場，宣講有無的得失，像這樣的人，永遠不能識見自己的本性。像這樣的人要聽從正法依止修行，還有不要什麼都不想，而障礙佛道本性使之窒斷。如果只是聽說而不去修行，反而會使人生起邪念。所以必須依照佛法修行，不執著於相，並以此講說佛法。你們如果能夠開悟，依照這個講說，依照這個運用，依照這個修行，依照這個作為，就不會迷失本門宗旨。

「如果有人問你佛法的意義，問有就用無來對，問無就用有來對；問凡人就用聖人來對，問聖人就用凡人來對。在對立二相的因緣轉化中，持中道的本義。

「像這樣一問一答，其餘的問題也全部按照這樣來作答，就不會失去中道教義。假設有人問什麼是暗？回答：光明是本源，黑暗是條件，光明消失則黑暗頓生。以光明來凸顯黑暗，以黑暗來凸顯光明，來去互為因果，成就中道意義。其餘的提問全部都是這樣解答。你們在以後的傳法過程中，依據這個相互轉告，相互教化指授，不要失去本門宗旨。」

【注釋】

❶二道：指相對的兩個方面，如「有」與「無」，「凡」與「聖」。

❷中道：即離開二邊之極端、邪執，為一種不偏於任何一方之中正之道。又作「中路」，或單稱「中」。中道係佛教之根本立場。

師於太極元年壬子，延和七月❶，命門人往新州國恩寺建塔，仍令促工。次年夏末落成。七月一日，集徒眾曰：「吾至八月，欲離世間。汝等有疑，早須相問，為汝破疑，令汝迷盡。吾若去後，無人教汝。」

法海等聞，悉皆涕泣；惟有神會，神情不動，亦無涕泣。

師云：「神會小師❷，卻得善不善等，毀譽不動，哀樂不生。餘者不得，數年山中，竟修何道？汝今悲泣，為憂阿誰？若憂吾不知去處，吾自知去處，吾若不知去處，終不預報於汝。汝等悲泣，蓋為不知吾去處。若知吾去處，即不合悲泣。法性本無生滅去來，汝等盡坐，吾與汝說一偈，名曰〈真假動靜偈〉。汝等誦取此偈，與吾意同；依此修行，不失宗旨。」

眾僧作禮，請師說偈。偈曰：

一切無有真，不以見於真；
若見於真者，是見盡非真。
若能自有真，離假即心真；
自心不離假，無真何處真？
有情即解動，無情即不動；
若修不動行，同無情不動。
若覓真不動，動上有不動；
不動是不動，無情無佛種。
能善分別相，第一義不動；
但作如此見，即是真如用。
報諸學道人，努力須用意；
莫於大乘門，卻執生死智。
若言下相應，即共論佛義；
若實不相應，合掌令歡喜。
此宗本無諍，諍即失道意；
執逆諍法門，自性入生死。

【譯文】

惠能大師在唐睿宗太極元年，即壬子年，也就是延和元年的七月，命令弟子前往新州國恩寺建塔，還命令人去催促施工。第二年夏天快結束的時候，塔建成竣工了。七月一日，惠能大師召集弟子門人，對他們說：「我到八月，將要離開人世。你們有什麼疑問，要早點來問，我為你們破除疑惑，讓你們愚迷盡除。我如果去世以後，就沒有人再指導你們了。」

法海等弟子聽說以後，全部都痛哭流涕；只有神會，神色表情絲毫沒有變動，也沒有哭泣流淚。

惠能大師說：「神會雖是個小禪師，卻能得悟善與不善平等無差，不被詆毀稱譽所動搖，不生起哀傷和喜樂。其他人都沒能做到，十幾年在山中修行，究竟修了什麼道？你們現在悲傷哭泣，是為了誰憂傷？如果是傷心我不知往哪裡去，其實我自己知道我的去處，我如果不知道去處，是不會向你們事先通報的。你們悲傷哭泣，都是因為不知道我的去處。如果知道我的去處，就不該悲傷。佛法本性本來沒有生滅來去，你們都全部坐下，我給你們說一個偈，名稱為〈真假動靜偈〉。你們念誦聽取這個偈，就能和我的心意相同；依照這個偈修行，就不會迷失宗門旨趣。」

所有僧人都行禮，請惠能大師作偈。偈子說：

一切無有真，不以見於真；
若見於真者，是見盡非真。
若能自有真，離假即心真；

自心不離假，無真何處真？
有情即解動，無情即不動；
若修不動行，同無情不動。
若覓真不動，動上有不動；
不動是不動，無情無佛種。
能善分別相，第一義不動；
但作如此見，即是真如用。
報諸學道人，努力須用意；
莫於大乘門，卻執生死智。
若言下相應，即共論佛義；
若實不相應，合掌令歡喜。
此宗本無諍，諍即失道意；
執逆諍法門，自性入生死。

【注釋】

❶「師於」二句：西元七一二年。這一年唐睿宗改元太極元年，五月又改元延和元年，唐玄宗即位

後，又於當年八月改元先天元年。

❷小師：係指受具足戒未滿十年之僧人，若滿十年則稱住位。

時，徒眾聞說偈已，普皆作禮。並體師意，各各攝心，依法修行，更不敢諍。乃知大師不久住世，法海上座，再拜問曰：「和尚入滅之後，衣法當付何人？」

師曰：「吾於大梵寺說法，以至於今，抄錄流行，目曰《法寶壇經》。汝等守護，遞相傳授，度諸群生。但依此說，是名正法。今為汝等說法，不付其衣。蓋為汝等信根淳熟，決定無疑，堪任大事。然據先祖達磨大師，付授偈意，衣不合傳。」偈曰：

吾本來茲土，傳法救迷情❶；
一華開五葉❷，結果自然成。

【譯文】

當時，弟子門人們聽完了偈，全都行禮。並且各自體會惠能大師的意思，收拾本心，依照這個法門修行，不再相互爭辯了。由於知道了惠能大師停駐人世的時間不多了，法海上座在此禮拜惠能大師，問道：「大師入滅之後，衣缽和教法應該傳給誰？」

惠能大師說：「我在大梵寺說法，直到現在，所演說的內容已經被抄錄下來並廣為流布風行，其名目叫做《法寶壇經》。你們好好守護，次第相互流傳指授，去度化眾生。依照這個說法的就是真正的佛法。我現在為你們說法，不再付囑袈裟，就是因為你們都已經信根淳熟，正定而沒有疑惑，可以堪當弘法的大任了。而且根據祖師達磨大師付囑所傳授的偈子的含義，衣鉢袈裟是不應該傳下去的。」偈子說：

吾本來茲土，傳法救迷情；
一華開五葉，結果自然成。

【注釋】

❶迷情：指迷惑之眾生（有情）。

❷一華開五葉：唐末五代時期，從青原行思一系之下形成了曹洞宗、雲門宗和法眼宗；從南嶽懷讓一系之下形成為仰宗和臨濟宗，這五個宗派被合稱為「禪宗五家」，「五葉」即指這五個宗派。另一說五葉表示五代，指菩提達磨以下的慧可、僧璨、道信、弘忍和惠能五位禪宗祖師。

師復曰：「諸善知識！汝等各各淨心，聽吾說法。若欲成就種智❶，須達一相三昧，一行三昧❷。若於一切處而不住相，於彼相中不生憎愛，亦無取捨，不念利益成壞等事，安閒恬靜，虛融澹泊，此名一相三昧。若於一切處，行住坐臥，純一直心，不動道場，真成淨土，此名一行三昧。若人具二三昧，如地有種，含藏長養，成熟其實，一相一行，亦復如是。

「我今說法，猶如時雨，普潤大地。汝等佛性，譬諸種子，遇茲沾洽，悉得發生。承吾旨者，決獲菩提；依吾行者，定證妙果。聽吾偈。」曰：

心地含諸種，普雨悉皆萌，
頓悟華情已，菩提果自成。

師說偈已，曰：「其法無二，其心亦然。其道清淨，亦無諸相。汝等慎勿觀靜，及空其心。此心本淨，無可取捨，各自努力，隨緣好去。」

爾時徒眾作禮而退。

【譯文】

惠能大師又說：「各位善知識！你們各自清淨心念，聽我講說佛法。如果要成就佛的智慧，必須達到一相三昧和一行三昧。如果在一切境相之中而能不執著於一切境相，對於那些相狀不生起憎惡愛欲，也沒有取得和捨棄，不考慮利益關係、成功失敗等事情，安閒恬靜，虛融淡泊，這叫做一相三味。如果在一切處所，行住坐臥，直了心性，不需要借助外在道場，當下成就真實淨土，這叫做一行三昧。如果人具有這兩個三昧，就如同大地中含有種子，經過孕含、蓄藏、生長和培養，果實得以成熟。一相三昧和一行三昧，也是這樣。「我現在說法，好像及時雨，普遍潤澤大地。你們的佛性，好像一粒粒的種子，遇到時雨滋潤都能發芽生長。繼承我的宗旨的人，肯定能證獲菩提智慧；依照我的教法修行的人，肯定能證悟佛道妙果。聽我的偈吧。」偈說：

心地含諸種，普雨悉皆萌。

頓悟華情已，菩提果自成。

惠能大師說完偈，說：「佛法不是二法，本心也是如此。佛道本是清淨的，沒有一切相狀。你們千萬要慎重，不要執著觀靜和空寂其心。本心原是本來清淨的，沒有取捨的，各自回去努力，隨順因緣好好去吧。」

當時弟子門人行禮後都退下了。

【注釋】

❶種智：為「一切種智」之略稱。即佛了知一切種種法之智慧。唯佛有一切種智，聲聞、緣覺等僅有總一切智。

❷一相三昧，一行三昧：禪定之名。「一相」指平等無差別之真如相。「三昧」即將心定於一處（或一境）的一種安定狀態。因此「一相三昧」指主觀上對一切現象沒有偏執，不生憎恨或愛意，也沒有取捨之心，不念利益成壞等事，而能夠安閒恬靜，虛融澹泊。「一行三昧」的，與「一相三昧」的意義並無大區別，只是前者是從不執著與「相」上講，後者是從不執著於禪修時的身體姿勢上講。

大師七月八日，忽謂門人曰：「吾欲歸新州，汝等速理舟楫。」

大眾哀留甚堅。

師曰：「諸佛出現，猶示涅槃，有來必去，理亦常然。吾此形骸，歸必有所。」

眾曰：「師從此去，早晚可回？」

師曰：「葉落歸根，來時無口❶。」

又問曰：「正法眼藏，傳付何人？」

師曰：「有道者得，無心者通。」

又問：「後莫有難否？」

師曰：「吾滅後五六年，當有一人來取吾首。聽吾記曰：頭上養親，口裏須餐；遇滿之難，楊柳為官❷。」

又云：「吾去七十年，有二菩薩❸，從東方來，一出家，一在家，同時興化，建立吾宗；締緝伽藍❹，昌隆法嗣。」

問曰：「未知從上佛祖應現已來，傳授幾代？願垂開示。」

師云：「古佛應世，已無數量，不可計也。今以七佛為始，過去莊嚴劫：毘婆尸佛、尸棄佛、毘舍浮佛。今賢劫：拘留孫佛、拘那含牟尼佛、迦葉佛、釋迦文佛，是為七佛。已上七佛，今以釋迦文佛首傳：第一摩訶迦葉尊者，第二、阿難尊者，第三、商那和修尊者，第四、優波毱多尊者，第五、提多迦尊者，第六、彌遮迦尊者，第七、婆須蜜多尊者，第八、佛馱難提尊者，第九、伏馱蜜多尊者，第十、脅尊者，十一、富那夜奢尊者，十二、馬鳴大士，十三、迦毘摩羅尊者，十四、龍樹大士，十五、迦那提婆尊者，十六、羅睺羅多尊者，十七、僧伽難提尊者，十八、伽耶舍多尊者，十九、鳩摩羅多尊者，二十、闍耶多尊者，二十一、婆修盤頭尊者，二十二、摩拏羅尊者，二十三、鶴勒那尊者，二十四、師子尊者，二十五、婆舍斯多尊者，二十六、不如蜜多尊者，二十七、般若多羅尊者，二十八、菩提達磨尊者，二十九、慧可大師，三十、僧璨大師，三十一、道信大師，三十二、弘忍大師，惠能是為三十三祖。從上諸祖，各有稟承。汝等向後，遞代流傳，毋令乖誤。」

【譯文】

七月八日，惠能大師忽然與弟子說：「我要回新州，你們趕快準備船隻。」

弟子門人苦苦哀求，堅決挽留。

惠能大師說：「一切佛出現，都會指示涅槃，有來就會有去，道理本應就是這樣。我這具軀體形骸，也該回去了。」

弟子們說：「大師從今天走了以後，早晚還會回來嗎？」

惠能大師說：「落葉歸根，我一生沒有講什麼話。」

弟子又問：「佛教正法，大師將傳授交付給哪一個？」

惠能大師說：「證悟了佛道的人會得到，無執著心的人會通達領會。」

弟子又問：「以後是不是會有劫難啊？」

惠能大師說：「我去世後五、六年，應該會有一個人前來取我的首級。聽我的偈記：頭上養親，口裏須餐；遇滿之難，楊柳為官。」

惠能大師又說：「我去世後七十年，有兩位菩薩，從東方來，一位是出家僧人，一位是在家居士，他們同時大興教化，建立宗派；修建寺廟，昌盛興隆佛法宗門。」

弟子們問：「不知從最初佛祖應身現化以來，已經共計傳授了多少代？希望大師給予開示。」

惠能大師說：「從遠古的佛應身出世，已經無數無量，不可計算了。現在就以七佛為開始吧，在過去世的莊嚴劫中：有毘婆尸佛、尸棄佛、毘舍浮佛。今賢劫：拘留孫佛、拘那含牟尼佛、迦葉佛、釋迦文佛，這是被稱作七佛的。以上的七佛，現在以釋迦牟尼佛為首傳，依次傳遞：第一、摩訶迦葉尊者，第二、阿難尊者，第三、商那和修尊者，第四、優波毱多尊者，第五、提多迦尊者，第六、彌遮迦尊者，第七、婆須蜜多尊者，第八、佛馱難提尊者，第九、伏馱蜜多尊者，第十、脅尊者，十一、富那夜奢尊者，十二、馬鳴大士，十三、迦毘摩羅尊者，十四、龍樹大士，十五、迦那提婆尊者，十六、羅睺羅多尊者，十七、僧伽難提尊者，十八、伽耶舍多尊者，十九、鳩摩羅多尊者，二十、闍耶多尊者，二十一、婆修盤頭尊者，二十二、摩拏羅尊者，二十三、鶴勒那尊者，二十四、師子尊者，二十五、婆舍斯多尊者，二十六、不如蜜多尊者，二十七、般若多羅尊者，二十八、菩提達磨尊者，二十九、慧可大師，三十、僧璨大師，三十一、道信大師，三十二、弘忍大師，惠能就是三十三祖。從以上各位祖師，都各有稟受繼承。你們今後一代一代的傳授流布下去，不要有訛誤。」

【注釋】

❶來時無口：無口，即沒有講什麼話，此即無法可說之意。禪宗強調傳心法要，是要靠自證自悟的，佛也是以無言傳教。這裡是指六祖惠能一生都沒說過什麼法。

❷「頭上」四句：這是一個禪宗的故事。在開元十年（七二二），新羅僧人金大悲想取六祖惠能肉身舍利的頭回國供奉，就雇用了一名叫張淨滿的孝子去偷。張淨滿為金大悲辦此事也是為了餬口

和孝養父母。可是張淨滿不但無法成功盜取六祖的頭，反而被官府捉拿歸案。當時審問此案的縣令名叫楊佩，州刺史名叫柳無忝。這個故事正好符合了這四句讖語。

❸二菩薩：即指一出家、一在家的兩位菩薩。其實這也是六祖圓寂前的懸記（預言）。但到底這兩位菩薩指誰，有許多不同的說法。有人說出家的菩薩是指馬祖道一禪師，在家菩薩則指龐蘊居士。也有說出家者為黃檗禪師，而在家者指的是裴休。胡適卻認為另個懸記是《曹溪大師別傳》的作者偽造的。

❹伽藍：全譯為「僧伽藍摩」，又作「僧伽藍」，意譯「眾園」；又稱「僧園」、「僧院」，意譯為「園」。原指可供建設眾僧居住之房舍（毘訶羅）的用地，後轉為包括土地及建築物的寺院總稱。

大師先天二年癸丑歲❶，八月初三日，於國恩寺齋罷❷，謂諸徒眾曰：「汝等各依位坐，吾與汝別。」

法海白言：「和尚留何教法，令後代迷人得見佛性？」

師言：「汝等諦聽，後代迷人，若識眾生，即是佛性；若不識眾生，萬劫覓佛難逢。吾今教汝識自心眾生，見自心佛性。欲求見佛，但識眾生，只為眾生迷佛，非是佛迷眾生。自性若悟，眾生是佛；自性若迷，佛是眾生。自性平等，眾生是佛；自性邪險，佛是眾生。汝等心若險曲，即佛在眾生中。一念平直，即是眾生成佛。我心自有佛，自佛是真佛。自若無佛心，何處求真佛？汝等自心是佛，更莫狐疑。外無一物而能建立，皆是本心生萬種法。故經云：『心生種種法生，心滅種種法滅。』吾今留一偈，與汝等別，名〈自性真佛偈〉。後代之人，識此偈意，自見本心，自成佛道。」偈曰：

真如自性是真佛，邪見三毒是魔王。
邪迷之時魔在舍，正見之時佛在堂。
性中邪見三毒生，即是魔王來住舍。
正見自除三毒心，魔變成佛真無假。
法身報身及化身，三身本來是一身。
若向性中能自見，即是成佛菩提因。
本從化身生淨性，淨性常在化身中。
性使化身行正道，當來圓滿真無窮。
淫性本是淨性因，除淫即是淨性身。
性中各自離五欲，見性剎那即是真。
今生若遇頓教門，忽悟自性見世尊。

若欲修行覓作佛，不知何處擬求真？
若能心中自見真，有真即是成佛因。
不見自性外覓佛，起心總是大癡人。
頓教法門今已留，救度世人須自修，
報汝當來學道者，不作此見大悠悠。

【譯文】

唐玄宗先天二年，八月初三，惠能大師在國恩寺用完齋後，告訴所有弟子門人說：「你們各自按位子坐好，我跟你們道別。」

法海說：「大師留下什麼教法，讓後代愚迷的人們能得以識見佛性？」

惠能大師說：「你們仔細聽好，後代愚迷的人，如果識見眾生，就是識見佛性；如果不識見眾生，永遠尋佛卻終難求到。我現在教你們如何識見自心眾生，識見自心佛性。要想求得識見佛，只有識見眾生，因為是眾生不能識見於佛，不是佛不得識見眾生。自我本性如果開悟得見，眾生都是佛；自我本性如果執迷不悟，那麼佛就是眾生。自我心性平等無二，眾生是佛；自我心性邪惡危險，那麼佛是眾生。你們的心如果險曲不正，那就是佛淪於眾生之中。如果一念平等正直，那就是眾生就都成佛了。我的本心中本自有佛，自性之佛才是真佛。自心中如果沒有佛心，到哪裡去求真佛？你們的自己的本心就是佛，不要再懷疑了。自心之外面沒有一物能夠建立，因為萬事萬物都是本心所生發。所以佛經中說：『心生種種法生，心滅種種法滅。』我今天留一個偈，和你們作別，這個偈叫做「自性真佛偈」。後代的人識見這個偈的真意，自己識見本心，自我成就佛道。」偈中說道：

真如自性是真佛，邪見三毒是魔王。
邪迷之時魔在舍，正見之時佛在堂。
性中邪見三毒生，即是魔王來住舍。
正見自除三毒心，魔變成佛真無假。
法身報身及化身，三身本來是一身。
若向性中能自見，即是成佛菩提因。
本從化身生淨性，淨性常在化身中。
性使化身行正道，當來圓滿真無窮。
淫性本是淨性因，除淫即是淨性身。
性中各自離五欲，見性剎那即是真。
今生若遇頓教門，忽悟自性見世尊。
若欲修行覓作佛，不知何處擬求真？
若能心中自見真，有真即是成佛因。

不見自性外覓佛，起心總是大癡人。
頓教法門今已留，救度世人須自修，
報汝當來學道者，不作此見大悠悠。

【注釋】

❶ 先天二年：先天是唐玄宗之年號，先天二年即西元七一三年，是年十二月始改元開元。

❷ 國恩寺：又名「龍山寺」，唐朝時建於廣西肇慶府新興縣南思龍山。

師說偈已，告曰：「汝等好住，吾滅度後，莫作世情悲泣雨淚，受人弔問，身著孝服，非吾弟子，亦非正法。但識自本心，見自本性，無動無靜，無生無滅，無去無來，無是無非，無住無往。恐汝等心迷，不會吾意，今再囑汝，令汝見性。吾滅度後，依此修行，如吾在日。若違吾教，縱吾在世，亦無有益。」復說偈曰：

兀兀不修善❶，騰騰不造惡❷，
寂寂斷見聞❸，蕩蕩心無著❹。

師說偈已，端坐至三更，忽謂門人曰：「吾行矣！」奄然遷化❺。

於時異香滿室，白虹屬地，林木變白，禽獸哀鳴。

【譯文】

惠能大師說完偈以後，告訴大家：「你們住留世間、好好珍重，我去世之後，不要像世間人那樣的悲傷哭泣，淚如雨下，接受別人的弔唁慰問，身穿孝服，這樣不是我的弟子，也不合真正的佛法。只要識見自我本心本性，沒有動也沒有靜，沒有生起也沒有毀滅，沒有來也沒有去，沒有是也沒有非，沒有住也沒有往。我擔心你們迷誤，不能體會我的真意，現在再次叮囑你們，讓你們識見本心。我去世後，依照這個修行，就好像我在的時候一樣。如果違背了我的教法，縱然我在世，也沒有什麼益處。」再說偈：

兀兀不修善，騰騰不造惡，

寂寂斷見聞，蕩蕩心無著。

惠能大師說完偈以後，端坐著直到三更天，忽然告訴弟子門人說：「我去了！」便溘然長逝。當時奇異的香味溢滿室內，一道白虹接天貫地，山林樹木霎時變白，禽鳥野獸鳴叫哀嚎。

【注釋】

❶兀兀不修善：指巋然不動，連善也不追求。兀兀，即高大不動的樣子。

❷騰騰不造惡：指逍遙自在卻不有意去做壞事。騰騰，自在無所為的樣子。

❸寂寂斷見聞：指寧靜寂寥無見無聞。寂寂，安靜祥和的樣子。

❹蕩蕩心無著：胸中坦蕩無念無求。蕩蕩，心中平平坦坦而無所住。

❺遷化：遷者遷移，化者化滅，通謂人之死。在佛教指僧侶之示寂。或謂有德之人於此土教化眾生之緣已盡，而遷移於他方世界度化眾生。與涅槃、圓寂、滅度、順世、歸真等同義。

十一月，廣、韶、新三郡官僚，洎門人僧俗，爭迎真身❶，莫決所之。乃焚香禱曰：香煙指處，師所歸焉。

時香煙直貫曹溪。

十一月十三日，遷神龕並所傳衣缽而回。

次年七月出龕，弟子方辯以香泥上之。門人憶念取首之記，仍以鐵葉漆布❷，固護師頸入塔；忽於塔內白光出現，直上衝天，三日始散。

韶州奏聞，奉敕立碑，紀師道行。師春秋七十有六，年二十四傳衣，三十九祝髮❸，說法利生，三十七載。嗣法四十三人，悟道超凡者莫知其數。達磨所傳信衣，中宗賜磨衲寶缽，及方辯塑師真相，並道具，永鎮寶林道場。留傳《壇經》，以顯宗旨，興隆三寶，普利群生者。

【譯文】

十一月，廣州、韶州、新州三州的官員僚屬，以及惠能的門人弟子、僧人、俗人，都爭著要迎取惠能大師的真身回去供奉，一時間不能決定給誰。於是就燒香禱告說道：香的煙所飄向的地方就是惠能大師所要歸去的處所。

當時香煙直飄往曹溪山的方向。

十一月十三日，惠能大師的神位遺體以及所傳下來的衣缽都被搬遷回了曹溪山。

第二年七月，惠能大師的肉身遺體被搬出神龕，弟子方辯用香泥包裹了遺體。弟子門人想著有人要盜取惠能大師首級的事情，於是便先用薄鐵片和漆布，加固保護惠能大師的脖子，然後才請入墓塔內。忽然墓塔裡面有白色光芒出現，直接衝上天空，三天後才散去。

韶州刺史將惠能大師的事蹟上奏皇上後，奉命給惠能大師豎立石碑，以記錄大師道行。大師享年七十六，二十四歲得傳法衣，三十九歲剃度出家，講說佛法，惠施眾生，共三十七年。得到大師親傳的弟子四十三人，因大師指點悟道超離凡塵的人不計其數。達磨大師所傳的表信袈裟，唐中宗所賜予的磨衲袈裟和水晶缽，以及方辯為惠能大師所塑的真相以及佛法用具等等，永遠鎮守寶林寺道場。

《法寶壇經》廣為流布，顯揚頓教宗門旨意，興盛昌隆佛、法、僧三寶，普遍利化一切眾生。

【注釋】

❶ 真身：這裡指六祖惠能的肉身舍利。

❷ 鐵葉漆布：惠能的弟子們想到有人會來偷去其頭的預言，所以就用鐵皮和漆布把惠能肉身頸項的部分牢牢的包裹起來。

❸ 祝髮：與剃髮、薙髮同，即出家落髮之謂。祝，切斷之意。

丁福保編纂，《佛學大辭典》（北京：文物出版社，二〇〇二）。
任繼愈主編，《佛教大辭典》（南京：江蘇古籍出版社，二〇〇三）。
星雲大師監修，慈怡主編，《佛光大辭典》（北京：北京圖書館出版社，二〇〇四）。
王月清，《六祖壇經》（南京：江蘇古籍出版社，二〇〇二）。
郭朋，《壇經校釋》（北京：中華書局，一九八三）。
潘桂明，《壇經全譯》（成都：巴蜀出版社，二〇〇〇）。
魏道儒，《白話壇經》（西安：三秦出版社，一九九二）。
楊曾文，《敦煌新本六祖壇經》（上海：上海古籍出版社，一九九三）。
藍吉富主編，《中華佛教百科全書》（臺南：中華佛教百科文獻基金會，一九九四）。

白話佛經

六祖壇經

2012年10月初版　　定價：新臺幣260元

2021年11月初版第六刷

主編	賴永海
譯注者	尚榮
叢書主編	簡美玉
	胡金倫
特約編輯	吳美滿
	陳秀容
封面設計	陳文德
內文排版	翁國鈞

出版者	聯經出版事業股份有限公司
地址	新北市汐止區大同路一段369號1樓
電話	(02)86925588轉5305
台北聯經書房	台北市新生南路三段94號
電話	(02)23620308
台中分公司	台中市北區崇德路一段198號
暨門市電話	(04)22312023
郵政劃撥帳戶第0100559-3號	
郵撥電話	(02)23620308
印刷者	文聯彩色製版有限公司
總經銷	聯合發行股份有限公司
發行所	新北市新店區寶橋路235巷6弄6號2F
電話	(02)29178022

副總編輯	陳逸華
總編輯	涂豐恩
總經理	陳芝宇
社長	羅國俊
發行人	林載爵

行政院新聞局出版事業登記證局版臺業字第0130號

本書如有缺頁，破損，倒裝請寄回台北聯經書房更換。　ISBN　978-957-08-4072-8 (平裝)

聯經網址 http://www.linkingbooks.com.tw

電子信箱 e-mail:linking@udngroup.com

本書中文繁體字版由中華書局（北京）授權出版

國家圖書館出版品預行編目資料

六祖壇經 / 賴永海主編．尚榮譯注．初版．新北市．
聯經．2012年．240面．14.8×21公分．(白話佛經)
ISBN 978-957-08-4072-8（平裝）
[2021年11月初版第六刷]

1.六祖壇經 2.注釋

226.62 101019860